AF152045

Kontaktadresse nach EU-Produktsicherheitsverordnung:
produktsicherheit@fischerverlage.de

Die hier versammelten Briefe von Milena Jesenská wurden zwischen 1912 und 1940 geschrieben. Auch wenn die Briefe an Franz Kafka wie an Milenas Freundin aus ihrer Wiener Zeit verloren gegangen sind, läßt sich aus dieser Sammlung die Entwicklung Milenas von der schwärmerischen Schülerin zur politisch engagierten Journalistin ablesen. Besonders eindringlich sind die Briefe Milenas aus dem Jahr 1938 an den bereits emigrierten Willi Schlamm, nach Carl von Ossietzkys Verhaftung Herausgeber der ›Weltbühne‹, in denen neben Privatem vor allem die aussichtslose politische Lage der Tschechoslowakei nach dem Münchner Abkommen thematisiert wird. So heißt es z.B.: »Es ist so entsetzlich still geworden um uns, Willi. Ich kann das Bild der neuen Staatsfläche, die verstümmelten Grenzen – überhaupt nicht fassen. Vieles andere ist genauso unfaßbar.« Sie teilt Willi Schlamm aber auch mit, daß sie bleiben will, »solange ich das Geringste machen kann ... Bestimmt bis zum letzten Augenblick.« Und das hat Milena Jesenská bis zu ihrer Verhaftung durch die Gestapo denn auch tatsächlich getan. Der Band endet mit ihrem letzten Brief an die Tochter Honza, den sie aus dem Gestapo-Gefängnis in Prag geschrieben hat, kurz bevor sie ins Konzentrationslager Ravensbrück verschleppt wurde, wo sie 1944 gestorben ist.

Alena Wagnerová wurde 1936 in Brünn, Tschechoslowakei, geboren und lebt seit 1969 als freie Publizistin in Saarbrücken. Weitere Bücher der Herausgeberin im Fischer Taschenbuch Verlag: ›Milena Jesenská. Eine Biographie‹ (Bd. 13258); ›Die Familie Kafka aus Prag‹ (Bd. 14355).

Unsere Adresse im Internet: www.fischerverlage.de

Milena Jesenská

»*Ich hätte zu antworten tage- und nächtelang*«
Die Briefe von Milena

Herausgegeben von
Alena Wagnerová

Fischer Taschenbuch Verlag

3. Auflage

Ungekürzte Ausgabe
2024 S. Fischer Verlag GmbH,
Hedderichstr. 114, 60596 Frankfurt am Main

Lizenzausgabe mit freundlicher Genehmigung
des Bollmann Verlags GmbH, Mannheim
Copyright © by Bollmann Verlag GmbH, Mannheim 1996
Für die Briefe von Milena Jesenská:
© Jan R. Čzerný
Printed in Germany
ISBN 978-3-596-13913-2

Inhalt

Vorwort

Außerhalb des Kreises ihrer tschechischen Zeitgenossen wurde die Prager Journalistin Milena Jesenská zuerst nur als die Adressatin der »Briefe an Milena« von Franz Kafka bekannt. Es war die traditionelle Rolle der Freundin eines berühmten Mannes, die ihr hiermit zugewiesen wurde.

Im Rahmen dieses Schemas wurde Jesenská auch im Nachwort zur ersten Ausgabe der »Briefe an Milena« von Willy Haas vorgestellt. Der Vorname Milena kam mehrmals vor, ihr Nachname wurde nicht einmal erwähnt, von ihrer Arbeit als Journalistin ganz zu schweigen. Ihre Briefe wurden auch nicht vermißt, ging es doch nicht um einen Briefwechsel, sondern lediglich um seine Briefe. In den Erinnerungen der tschechischen Freunde und Weggenossen Milena Jesenskás – allerdings nur soweit sie sich erinnern durften und wollten, denn aufgrund ihrer Trennung von der Kommunistischen Partei im Jahre 1936 war der Name Milena Jesenskás mit einem Bann belegt – spielte dagegen die Beziehung zu Kafka keine Rolle. Hier lebte Milena Jesenská nicht als »die Freundin«, sondern als eigenständige Frau, engagierte Journalistin, Weggenossin der tschechischen Avantgarde, Kommunistin und Fluchthelferin fort. Der wahren Milena kam dieses Bild sicherlich viel näher, nur hatte es in dem geteilten Nachkriegseuropa, in dem der Westen seine Unvollständigkeit viel weniger reflektierte als der Osten, keine Bedeutung. Immerhin legte aber die Herausgabe der »Briefe an Milena« den Grundstein für das Interesse an ihrer Person.

Das allmähliche Hervortreten Milena Jesenskás aus dem Schatten Kafkas, ein Prozeß, der sich inzwischen schon über mehr als drei Jahrzehnte erstreckt, ist eng mit der neuen Frauenbewegung im Westen und der damit verbundenen Sensibilisierung für den »Frauenaspekt« der europäischen Kultur- und Gesellschaftsgeschichte verknüpft. Insbesondere in den achtziger Jahren wächst das Interesse an Milena Jesenská. Die Biographie von Margarete Buber-Neumann, Mithäftling im Konzentrationslager Ravensbrück, erreicht einige Auflagen; in deutscher Übersetzung erscheinen auch eine Auswahl aus ihren Feuilletons und Reportagen sowie die Erinnerungen der Tochter Jana Černá. Jesenskás facettenreiches Leben bietet zwar genug Möglichkeiten für schwärmerische Identifikation und Mythenbildung, die Beschäftigung mit ihr eröffnet allerdings noch eine andere Dimension: die Wiederentdeckung der für Jahrzehnte hinter dem »Eisernen Vorhang« verschwundenen ostmitteleuropäischen Kulturlandschaft. Über diesen Aspekt ihrer postumen Rezeption hätte sich die leidenschaftliche Mitteleuropäerin Jesenská sicher besonders gefreut.

In der Kontinuität dieses wachsenden Interesses an der Person und Persönlichkeit Milena Jesenskás steht auch der vorliegende Band ihrer Briefe, der »Briefe von Milena« also, in bewußter Anspielung auf den berühmten anderen Band aus der Feder Kafkas. Zum ersten Mal kommt Milena Jesenská hier als Briefeschreiberin zu Wort. Die Ausgabe versammelt alle heute bekannten Briefe Milenas bis auf drei Ausnahmen inhaltlich belangloser Schreiben.*

Die Originale der meisten Briefe sind tschechisch, einige der Briefe an Max Brod und Willi Schlamm deutsch geschrieben,

---

* Es handelt sich um reine Geschäftsbriefe an den Verleger Otokar Storch-Marien, den Schriftsteller Karel Matěj Čapek-Chod und den Literaturkritiker Miroslav Rutte über Interna in »Lidové noviny«.

wie es der damaligen Mehrsprachigkeit im mitteleuropäischen Raum entsprach.

Die Herausgeberin ist sich bewußt, daß es sich bei dieser Sammlung nur um einen kleineren Teil der Briefe handelt, die Milena Jesenská in ihrem Leben geschrieben hat, und man eigentlich mit einer Aufzählung der Verluste beginnen müßte. Als verloren müssen nicht nur Milenas »Briefe an Franz« gelten, sondern auch die Briefe an ihre Freundin Staša Jílovská aus der Wiener Zeit – beides ein herber Verlust. Das erhaltene Konvolut der Briefe an Willi Schlamm läßt uns erst die Tragweite dessen ermessen, was hier – auch »kulturatmosphärisch« – verloren ging.

Vielleicht sollte man gerade an dieser Stelle erwähnen, daß Kafkas Briefe an Milena Jesenská in den Jahren 1921–1939 mindestens sechsmal mit ihr umgezogen sind, von Wien nach Prag und dann mehrmals in Prag selbst. Hätte sie die Korrespondenz nur für an sie gerichtete Liebesbriefe gehalten und nicht für ein Zeugnis, das über das Private hinaus eine Bedeutung hat, hätte sie das Konvolut wohl kaum von einem Umzug zum anderen aufbewahrt und 1939 Willy Haas gegeben.

Die Briefe Milena Jesenskás sind an diverse Adressaten und Adressatinnen gerichtet und dokumentieren verschiedene Phasen ihres Lebens, von der Jugendzeit auf dem Gymnasium »Minerva« über die Zeit in Wien und die glücklichen Zwanziger Jahre in Prag bis zu den Krisenjahren im Vorfeld des II. Weltkrieges. Daß sie sich trotz der Verluste als vollständigen Bericht über das Leben der Schreiberin lesen lassen, ist sicher der Schreiberin selbst zu verdanken – ihrer Spontaneität, ihrem Mitteilungsbedürfnis und auch ihrer Fähigkeit, sich sowohl selbst mitzuteilen als auch auf den Briefpartner einzugehen. Die Briefe weisen eine erstaunliche Kontinuität auf, was die Grundeinstellung zum Leben anbelangt, die mit den Jahren reifer wird, aber keine Brüche aufweist. So ergeben alle Briefe zusammen eine Art authentischer Biographie aus Jesenskás eigener Feder. Wünschte sich Milena Jesenská, einmal ein Buch zu schreiben, erfüllt sich dieser Wunsch gewissermaßen durch ihre Briefe. Haben Kafkas »Briefe an Milena« eine Beziehung thematisiert und umkreist, so sprechen die »Briefe von Milena« über ihre Beziehung zum Leben an sich. Und darüber hinaus sind sie, wenn man will, als Bericht über den Weg des Menschen durch das Drama des Lebens schlechthin zu lesen – eine Lektüre für nachdenkliche, stille Stunden.

Eines konnte Milena Jesenská nicht – sich schonen. Sie setzte sich immer voll ein, sei es in der Arbeit, sei es im politischen Engagement, in der Liebe oder in den Beziehungen zu anderen. Die Intensität, mit der sie von Anfang bis Ende lebte, ihre Haltung des »Hier-stehe-ich-und-kann-nicht-anders«, ungeachtet aller Risiken, ist in jedem dieser Briefe spürbar. Es ist die Aura, die sie umgibt. Von der tiefen Wahrhaftigkeit dieses Lebens aus gesehen, hat der – in seinem Wesen gewaltsame – Tod Milena Jesenskás im Konzentrationslager seine tragische Logik. Es war die letzte Konsequenz eines aufrechten Lebens in einem Jahrhundert der Gewalt.

I

1912–1915

In den Jahren 1907 bis 1915 besucht Milena Jesenská das tschechische Gymnasium Minerva in Prag, das erste Mädchengymnasium in der österreichisch-ungarischen Monarchie. Das 1890
von der Dichterin und Smetanas Librettistin Eliška Krásno-
horská (1847–1926) gegründete Institut wird zu einer wichti-
gen »Kaderschmiede« der tschechischen Fraueneliten des ersten Drittels dieses Jahrhunderts. Die erhaltenen Briefe Milena
Jesenskás aus dieser Zeit richten sich an zwei Frauen: Marie
Hübnerová (1866–1931) und Albína Honzáková (1877–1973).
Die Briefe sind von einem entscheidenden Verlust in Milenas
Jugendjahren überschattet und von diesem mehr oder weniger
auch motiviert – dem Tod der Mutter im Jahre 1913. Vor diesem
Hintergrund läßt sich die Suche Milenas nach einer neuen
Bezugsperson, nach einem Menschen, dem sie sich anvertrauen
könnte, erklären. Sichtbar wird aber auch der Wille der jungen
Schreiberin, die Adressatinnen für sich zu gewinnen und nicht
zuletzt durch exaltierte Handschrift und auffallende Stilmerk-
male, wie das Weglassen der Anrede, zu beeindrucken. Die
Stimmung der nachklingenden Dekadenz ist in ihnen noch
deutlich spürbar. Den zeitbedingten Gestus zwar annehmend,
meldet sich hier aber unverkennbar eine starke, selbstbewußte
Persönlichkeit ohne Komplexe zu Wort. In dem langen Brief
an Albína Honzáková über die neue Schule zeichnet sich in
der Beschreibung des Schulgebäudes schon ein funktionalisti-
scher Bau ab, mitsamt seinem gedanklichen Hintergrund: dem

Glauben, daß man durch Hygiene, klare schlichte Formen, Bildung, Bewegung und viel Grün den Menschen zur Freiheit führen kann.

Die beiden Adressatinnen, Marie Hübnerová und Albína Honzáková, verkörpern als mögliche Identifikationsfiguren und Leitbilder zwei ganz konträre Modelle der weiblichen Selbstverwirklichung. Die Schauspielerin Marie Hübnerová führt im Grunde genommen eine klassische weibliche Existenz, deren Schwerpunkt nach dem gängigen Klischee im Emotionalen und Instinktiven zu liegen hat – auf der Bühne. In der sich emanzipierenden tschechischen Gesellschaft genießen die Schauspieler, als wichtige Träger und Repräsentanten der nationalen Kultur, eine besondere Achtung, wie auch das Theater selbst als eine »nationale Anstalt«.*

Als Frau, die zudem im Lichte der Öffentlichkeit steht, bewundert, gefeiert und verehrt wird, befriedigt die große Schauspielerin das Bedürfnis der jungen Milena nach dem Ausleben der Emotionen in Form einer schwärmerischen Identifikation. Die Züge dieser Verehrung tragen auch ihre beiden Briefe. Manches, wie z. B. eine erhaltene Visitenkarte von Prof. Jesenský mit einem Neujahrsgruß, deutet darauf hin, daß Marie Hübnerová mit der Familie Jesenský bekannt war.

Die langjährige Lehrerin auf dem Minerva, Albína Honzáková, repräsentiert ein ganz anderes, noch unerprobtes Modell einer selbstbestimmten Frauenexistenz. Als eine der ersten akademisch gebildeten und promovierten Frauen in Böhmen (ihre Schwester Anna war die erste tschechische Frauen- und Kinderärztin) ist sie in den Bereich der intellektuellen Berufe vorgedrungen, die für Frauen bisher Tabu waren. Grund genug, von ihren Schülerinnen bewundert, geachtet und geliebt

---

* Noch ganz in dieser Tradition fanden die ersten Versammlungen der samtenen Revolution 1989 in den Theatern, z. B. der Laterna magica, statt.
** Nach der in Österreich üblichen Zählung die siebte Klasse des Gymnasiums.

zu werden. Auch für Milena Jesenská stellte ihre Lieblings-lehrerin wohl ein Vorbild einer selbständigen, ökonomisch unabhängigen Frau dar. Die sachliche handschriftliche Notiz Honzákovás auf einem der Umschläge des Briefekonvolutes hätte Milena, die so gerne die Stellung der liebsten Schülerin der verehrten Lehrerin angenommen hätte, wohl ernüchtert: »1914 ging sie in die Septima auf dem Minerva.«**

Marie Hübnerová um 1911

Briefe an
Marie Hübnerová

[Prag 1913]

Sie können etwas – was so wenige Menschen auf der Welt
können –
Sie können Ihren Worten solche weiche Wärme
und Güte geben – und – wenn Sie sagen:
»Guten Tag« – streichelt es mehr, als wenn
ein anderer viele schöne Sätze sagen würde –

Sie sind so gut zu mir – so freundlich –
Und Ihre Augen haben etwas unendlich gütiges –
mir scheint es, als würde ich Sie schon lange Jahre kennen
und als hätten wir schon viel, viel miteinander gesprochen –
Ich bin Ihnen so dankbar dafür –

Wissen Sie, wir beide sind ganz, ganz verschieden – ganz
unterschiedliche Leben lebend – aber etwas haben wir
gemeinsam: Ich hatte meine Mutter furchtbar gerne
und Sie die Ihre auch – nicht wahr!

Und wenn ich Ihnen begegne und Sie mir die Hand reichen –
fühle ich – daß Sie auch daran denken –
und möchte mich jetzt an Sie schmiegen und Sie bitten,
mir das Märchen von der Mutter zu erzählen,
die ihr Kind in den Gärten des Todes suchte –
Kennen Sie – dieses Märchen?

Ich möchte Ihnen etwas Liebes tun –
Und – das einzige, was die Menschen sich geben können – sind entweder
warme Worte – oder Blumen – nicht wahr?
Schauen Sie – ich pflückte mir am Sonntag ein Sträußchen Küchenschelle – sie wuchsen auf einem Felsen über einem weißen wilden
Fluß – Sie sind weder schön noch prächtig oder teuer –
Aber es sind die ersten Frühlingsblumen – aus diesem Jahr –
und ich habe sie selbst gepflückt –
Vielleicht machen sie Ihnen etwas Freude

Milena Jesenská

[Prag 1913]

Wissen Sie, warum ich zu Ihnen gehen mußte – Sie gute, gute Frau?
Weil mich Ihre Märchen an meine Mutter erinnerten –
und an die Augenblicke, in denen ich ihr zuhörte, an ihren Lehnstuhl geschmiegt –
Sie konnte sie so schön erzählen wie Sie –
und sie konnte mich genauso zum Weinen wie zum Lachen bringen wie Sie –

meine – meine Mutter –

Sie müssen ein gutes Herz haben, wenn Sie zu den Seelen der Kinder so schön sprechen können –
und Sie haben eine große Seele, wenn Sie die Tränen in den Seelen der Erwachsenen wecken können –
Und glauben Sie mir – gnädige Frau – selbst wenn ich ganz weit wäre,

weit in der Welt, und Sie Jahre nicht spielen gesehen und spre-
chen gehört hätte –
würde ich trotzdem immer wieder – an Ihr Spiel – an Ihre
Märchen denken – und ich würde Sie nie vergessen –
Ich kenne Sie schon so lange –
Einmal sah ich Sie in der St. Vojtěch Kirche, wo ich auch oft
hingehe, beten –
und damals wollte ich Ihnen die Hand küssen –
Sind Sie mir nicht böse, daß ich zu Ihnen kam?
O nein, Sie sind mir sicher nicht böse. Sie sind so gütig –
Und ich danke Ihnen. Ich muß Ihnen für so vieles danken, für
so viele schöne Augenblicke danken –
Wissen Sie, das sind Augenblicke, die zur Seele sprechen, und
die vergißt man nie –

Milena Jesenská

Albína Honzáková um 1959

Briefe an
Albína Honzáková

Sehr verehrtes Fräulein Professor,

[…] Wie habe ich mich auf Ihre Stunden gefreut, und wie erfüllt von Freude war ich danach. Und wie fürchtete ich mich in diesem Jahr davor, und was für einen bitteren Nachgeschmack hinterlassen sie in mir. Vielleicht ist es meine eigene Schuld, – sicher ist es meine Schuld, ich weiß […] Und warum benehme ich mich so? Das weiß ich selber nicht. Vielleicht, um dieses bittere Gefühl zu verbergen? Schade – um die Stunden im vergangenen Jahr, nicht wahr? Ich weiß, im vergangenen Jahr gab es zu viel Sentimentalität usw. Aber jetzt gibt es keine mehr, wenigstens nicht auf Dauer!

[…] Ich weiß, Sie haben sich zu weit von mir entfernt, damit ich mit allem zu Ihnen komme, wie im vorigen Jahr […] Und ob in mir etwas ist – das wird sich, so Gott will, zeigen –. Ich hoffe und glaube, daß ich endlich meine Fehler überwinden werde, wie meinen Vorwitz, zeitweilige Faulheit – eigentlich die Unlust, mich mit Dingen zu beschäftigen, die mich nicht interessieren – und eine Portion Sentimentalität. Wenn ich das alles überwinde – und Sie dann zu mir sagen, ich sei ein Nichts, werde ich mich nicht dagegen wehren.

[...] So viele schöne Bücher nehme ich mit – und ich werde so viel Neues wissen, wenn ich zurückkomme! Ich werde Ihnen darüber schreiben! – Und Zarathustra nehme ich auch mit – obwohl ich ihn schon so gut kenne. Er muß doch mit mir ans Meer – nicht wahr? Und noch ein anderes Buch kenne ich fast auswendig und nehme es trotzdem mit. Andersens Märchen – kennen Sie die? Es sind die schönsten Märchen auf der Welt. Und eigentlich sind es keine Märchen. In diesem Herbst habe ich begonnen, mir eine Bibliothek zuzulegen – ich habe schon 150 Bücher. Und ich habe sie alle so gerne. – Ich habe sie ganz anders binden lassen als üblich – in japanische feste Papiere – und in Leder – wissen Sie, in diese weichen Leder, die sich so schön anfühlen – und manche in Rohleinen. Ich habe fast den ganzen Maeterlinck – ach – mögen Sie Maeterlinck? Ich sage Ihnen einen Satz von ihm: »Ich sah Tränen, die aus einer größeren Weite kamen als aus den Augen.« – Na – ist es nicht ein wunderschöner Satz? Und Ibsen und Björnsen – und Wilde – und Březina und Nietzsche – und Hardt – und viele Autoren, die ich so gerne habe – und Hamsun – mein Gott – wie konnte ich ihn vergessen – Und alle diese Bücher gehören so sehr zu mir, daß es mir scheint, kein anderes Exemplar – selbst, wenn es der gleiche Titel wäre – ist so schön wie das meine, goldene. Sie müssen einmal zu mir kommen und sie sich anschauen –

[Prag, 15.6.1914]

Ich werde Ihnen, Fräulein Professor, den Wunsch *erfüllen* und *werde* mich so *benehmen,* wie es sich in der Schule gehört. Ich habe es bei allen anderen gekonnt, – nur bei Ihnen nicht.

Und ich werde es auch bei Ihnen können, wenn ich es sehr will.

Und ich werde anständig, ruhig – höflich und glatt sein wie Volejníková und alle anderen vorbildlichen Schülerinnen. – Wissen Sie – ich habe nicht gewußt, daß *auch Sie* die Menschen *danach* beurteilen.

Entschuldigen Sie mich. Ich denke, Sie werden mit mir zufrieden sein demnächst.

Milena Jesenská

15.6.1914

Die Akazienbäume sind schon verblüht – Nur beim Loreto* blühen sie noch – diese kennen Sie sicher nicht. – Und – ich denke, selten hat mir etwas so weh getan, wie daß Sie keine Zeit gefunden haben – und ich habe Sie so oft um ein Gespräch gebeten. Wissen Sie – und dann sagen Sie, der Lehrer sollte seinen Schülerinnen ein Freund sein – *und sie sollen Vertrauen zu ihm haben.*

Aber das ist egal – nicht wahr?

Na, entschuldigen Sie. Das ist zu aufrichtig – aber ich kann zu Ihnen nur aufrichtig sein. Das andere muß ich wohl erst noch lernen.

[Prag 1914]

Ich habe Ihnen versprochen, *alles darüber* zu schreiben – und ich habe zwanzig Seiten geschrieben – hier neben mir liegen sie.

* Berühmte Barockkirche mit Glockenspiel oberhalb des Hradschin.

Aber wenn ich sie lese, spüre ich, es ist *nicht Das.* Und ich kann sie Ihnen nicht schicken.

Es ist eine alltägliche Geschichte – ein paar Worte reichen: Ich hatte jemanden gerne – und als ich dachte, jetzt bin ich ganz glücklich – las ich seine Heiratsanzeige. Es gab einige Tage und zwei Nächte – und sie waren schön und [...]* – und mein. Und doch sage ich mir, es hätten weniger sein sollen – deshalb, weil die Leute jetzt alles wissen – er erzählte es herum – und vieles, was es nicht gab, dichtete er dazu –. Über mein Märchen wird in Prag getratscht.

Und – einmal werde ich Ihnen darüber erzählen, wenn Sie es wollen. Wissen Sie – heute kann ich es noch nicht schreiben. Ich spüre so viel Bitterkeit und Unwillen in mir, daß ich nicht über die Tage – und Nächte schreiben kann – frei davon. – Und – *jetzt* gehe ich an ihm und seiner Frau vorbei – Und – es gibt nichts mehr. *Das ist alles.*

(Dieser Brief, wie auch der vom 28. 10. 1914, bezieht sich sehr wahrscheinlich auf Milenas Liebe zu dem Sänger Heribert Vávra.)

[Prag, 14. 9. 1914]

Wenn ich Ihnen nur eine kleine Freude machen könnte – Glauben Sie – über Berge und Täler würde ich gehen – ganze Tage und Nächte, um sie zu holen. –

Liebe – liebe –

Heute saß ich in der Kirche und weinte mit Ihnen. Ich weiß nichts, was Ihnen Freude machen könnte – und doch habe ich den ganzen, ganzen Tag darüber nachgedacht –

Ich verspreche Ihnen, ich werde in diesem Jahr Ihre fleißigste

* Ein Wort unleserlich.

und bravste Schülerin sein – und werde alle anderen bitten, still zu sein. – Ich weiß, es ist so wenig –

Entschuldigen Sie, daß ich Ihnen […]* so spät schicke – es ist in Leipzig erschienen – und hier hat man es nicht am Lager – es ist nicht meine Schuld, daß es so spät kam – ich weiß, Sie werden es jetzt nicht lesen – ich weiß nicht – warum ich es Ihnen schicke – vielleicht deshalb, weil ich es so gerne habe – mein Gott – ich möchte Ihnen alles bringen – was ich gerne habe – alles.

Sie schauen mich in der Schule immer so ernst an – so fremd – daß ich das Gefühl habe, Sie seien mir böse. Wenn ich Ihnen etwas getan habe – wenn ich Sie beleidigt habe – dann ist es unbewußt geschehen – ich weiß nichts davon – ich wollte Ihnen immer nur Gutes tun. – Aber wenn ich Ihnen etwas getan habe – *verzeihen Sie mir* – **ich bitte Sie –**

(Der Brief bezieht sich auf den Tod der Mutter von Albína Honzáková.)

[Prag, 19.10.1914]

Ich möchte Ihnen über Hus** und *Wiclif*** schreiben – so viel möchte ich Ihnen über sie erzählen. Und über das ganze Hussitentum**** – ich habe diese Zeit so gerne – aber vor

* Ein Wort unleserlich.
** Jan Hus (um 1369–1415), tschechischer Reformator, predigte unter dem Einfluß der Schriften Wiclifs gegen die Mißstände in der Kirche. 1415 wurde er für seine Lehren auf dem Konzil zu Konstanz verurteilt und als Ketzer verbrannt. Mit ihm begann die tschechische Reformation.
*** John Wiclif (um 1325–1384), englischer Kirchenkritiker, war einer der Vordenker der Reformation.
**** Aus der Empörung über die Verurteilung von Hus entstand eine breite religiös-soziale Bewegung, deren Anhänger sich nach ihrem Meister Hussiten nannten. Die Auseinandersetzungen der katholischen Kirche mit den tschechischen Ketzern führten zu den Hussitenkriegen (1419–1436).

allem die zwei Menschen – *Wiclif* und *Hus.* Ich warte nur, bis Sie in der Stunde nach ihnen fragen werden, vorher will ich mich gar nicht melden, um mich prüfen zu lassen.

Und – Sie sind ein wunderbarer Mensch, Fräulein Doktor – ich achte Sie *so sehr, so sehr.* »Soll uns die große Zeit nicht zu leicht finden.« Nein, sicher nicht. Ich will mich mit meiner ganzen Kraft bemühen, kein *geringer Mensch* zu bleiben. Jetzt ist es noch schwer – nicht wahr? Jetzt bin ich fast nichts, aber ich will es weit bringen im Leben. *Sehr weit.*

Ich hoffe, ich werde Ihnen in einigen Jahren das Ergebnis meiner Arbeit zeigen können. Es wird sicher *nicht gering* sein. Und ich wollte Ihnen noch sagen – daß ich irgendwie *fest und ruhig* auf dem Fundament eines *nüchternen und klaren* Lebens stehe, und daß es mir sehr gut geht – solange es uns allen heute gut gehen kann. –

So, nur das wollte ich Ihnen sagen.

28. 10. 1914

Einen einzigen Menschen auf der Welt hatte ich und habe ich immer noch gerne – meine Seele würde ich für ihn geben. Schon einmal – habe ich Ihnen darüber geschrieben – Und heute lese ich in der Zeitung – daß er zum Krüppel wird – beide Beine zertrümmert – so einfach steht es hier geschrieben. Und ich lerne für morgen Geschichte – mein Gott – die Zeilen flattern mir vor Augen, und im Kopf höre ich nur das eine Wort: Krüppel – Krüppel –

O nein – es ist nicht schön, auf der Welt zu sein. Nein. Und wenn ich morgen nichts weiß – werden Sie ein strenges Gesicht machen – und mir eine schlechte Note geben, gut so. –

Nur, ich werde bis morgen gelernt haben, Fräulein Professorin.

Es ist halb drei –

Die ganze Nacht sitze ich hier – wie gestern – und die Nacht davor – und habe im Kopf ein wahnsinniges Chaos – ich weiß nichts. Gestern konnte ich das Hussitentum – heute kann ich nicht einmal mehr das. Nichts. Aber [...] – nichts. Darüber nichts. Ich falle durch – denke ich – ich weiß nichts in Tschechisch, nichts in Geschichte, Latein – nichts, nichts –.

Alles ist aus meinem Gehirn verschwunden –

Nur eines weiß ich: ich spüre eine verrückte Sehnsucht – Sie um ein Gespräch zu bitten. – Gott – begreifen Sie, daß Sie der einzige Mensch sind, mit dem ich reden kann – und begreifen Sie, daß ich es muß – mein Gott –

Es gibt niemanden – niemanden – Wenn mir wenigstens jemand eine **Antwort geben würde** auf ganz einfache Fragen, auf die ich heute *keine* Antworten habe.

Hätten Sie mich wenigstens schön angeschaut – Und – es sollte nicht nötig sein vielleicht – ich sollte alleine gehen – nicht wahr?

Ich bitte Sie – wenn Sie Zeit haben – *ich bitte Sie* – bitte Sie – nur um eine Stunde. Nur um eine Stunde –

Drei [...] habe ich heute nacht gelernt – aber jetzt weiß ich nichts. Sieben Stunden habe ich gestern gelernt – morgen wird geprüft – ich weiß überhaupt *nichts.*

Latein habe ich gestern gelernt – ich weiß nichts.

Jetzt gab es zu Hause wieder eine schreckliche Szene – Gott – was tun? Ich muß mit Ihnen sprechen – *ich bitte darum* – *ich bitte darum.*

Gott –

Ich warte bis Nachmittag –

Für den Karl IV. – danke ich Ihnen. Ich weiß, Sie hätten auch ohne mich über ihn gesprochen – Aber ich habe mich sehr darüber gefreut –. Wieder bin ich kindisch – ich weiß. Aber ich wollte Ihnen vor allem so viel mehr sagen, als ich gesagt habe – und so schreibe ich es Ihnen noch, weil ich nicht weiß, wann ich es Ihnen werde sagen können.

Über die Schule noch:

Wenn ich einst groß sein und mein eigenes Geld haben werde, und wenn ich viel, sehr viel haben werde – wenn ich irgendeines verdienen werde – werde ich ein Mädchengymnasium bauen. Und ich sage Ihnen wie – ja?

Von außen: ein großes einfaches Gebäude, mit großen Fenstern und in jedem Fenster – wenigstens im Sommer – Blumen. Wenn in der ganzen Etage in unseren Fenstern Pelargonien stünden – sähe es gleich anders aus. Hinter der Schule ein großer Garten – *aber wirklich groß* und daneben ein niedriger, einstöckiger Bau und darin ein Turnsaal – *aber groß*.

Von innen: im Erdgeschoß ein riesiger Saal. Und dort hätte jede Schülerin einen Spind für ihre Kleider – Mantel und Hut – ein eigenes Waschbecken mit Seife und einer Bürste. Von jeder würde ich *vor allem Sauberkeit* verlangen; nicht nur Hände und Gesicht, sondern auch *Hals und Ohren, gegebenenfalls der Körper.* Verdammt – das ist doch nicht zu viel verlangt, daß ein Mädchen – ein Mädelchen – sauber ist – nicht wahr?

Und nach *jeder Stunde* würden sich alle die Hände waschen gehen.

Wissen Sie, es ist ärgerlich, zum Weinen wie zum Lachen – wenn jemand neben Ihnen sich die Haut von den Nägeln schneidet, Manikür macht – aber die Hand so schmutzig ist, als wäre sie morgens überhaupt nicht gewaschen worden –

So. Zum zweiten sollten alle einfache Frisuren tragen. Verschiedene Frisurstützen und all das, was sie im Haar tragen – weg –. Frei gekämmtes, *sauberes* Haar, einfach zusammengesteckt. Zum dritten einfache Kleidung. Es ist mehr als lächerlich, einen so engen Rock zu tragen, daß man den Schritt aufs Podium nicht mehr machen kann – und die Röcke mit Schlitzen – alle diese Modeauswüchse – hier – bei der Arbeit – sind sie dumm. – Einfach, dunkel, sauber gekleidet. Und – hm – an allem Knöpfe, Haken dran – nicht, daß man die Kleider mit Sicherheitsnadeln zusammenhalten muß.

Das alles fehlt in unserer Schulordnung – und das wäre in meiner Schule die wichtigste Bedingung. Und – ich sage Ihnen etwas – Sie meinen, ich sei hart – aber wenn jemand den Schmutz *auf dem Körper* erträgt, erträgt er ihn auch auf der Seele – und wer einen schmutzigen Hals und schmutzige Hände hat – ist kein reiner Mensch – beobachten Sie es –

Und eine Frau – und Schmutz – Ich weiß nicht, wie das zusammenpassen soll –

Jetzt die Klassenzimmer: Geräumig. Groß. Bequeme Schulbänke. Für die Größeren größere, für die Kleineren kleinere Bänke. Wissen Sie – bei uns hängt Součková in der ersten Bank mit den Füßen in der Luft – und ich in der letzten muß sie zusammenkrümmen. Übrigens ist die S. besser dran als ich – Und die Bänke sollten so gerichtet sein, daß die Wirbelsäule *gerade* ist und die Brust *herausgestreckt* – schauen Sie – ich bin sicherlich gut gebaut – aber, daß ich heute einen Buckel habe – daran sind nur die Bänke schuld – Und wieder – die Bänke *sauber,* der Boden *sauber,* die Fenster *sauber,* alles einmal in der Woche *geschrubbt.* Bei uns wird einmal in der Woche geputzt. Und ein einziges Mal während meiner Zeit auf dem Minerva – hat man auch zu Weihnachten geputzt. Daran erinnere ich mich wie an einen Feiertag – Die Gänge luftig, geräumig, im Winter geheizt und – hm – und sauber.

Und in der Pause würden sich alle zuerst unten die Hände

waschen – und dann in den Gang gehen – und die Klassen würden gelüftet, Sie wissen sicherlich selbst, wie es bei uns in der Klasse um zwölf – eins – im Winter aussieht – nicht wahr? Entweder ist es dort so kalt, daß wir in den Mänteln sitzen müssen – und im Mantel arbeitet es sich sehr gut – oder die Luft ist so stickig, daß man nicht atmen kann – so arbeitet es sich *noch besser.* Von der Kälte bekommt man höchstens Husten oder Schnupfen – aber die Luft – davon bekommt man die roten Ringe unter den Augen und die ungesunden blassen Gesichter – kennen Sie die? Nein? Dann schauen Sie sich mich in einem Monat an – ein sehr schöner Anblick – und nicht nur bei mir – bei fast allen.

So. Dann der Turnsaal –. Das wäre ein großer Raum, wo die Schülerinnen nur in Trikots turnen würden … wie bei Dalcroze*.

Sie sind gegen ihn – nicht wahr? Fräulein Doktor, wenn Sie einmal Zeit haben, sagen Sie es mir – ich nehme Sie mit in den Saal –. Ich weiß nicht – ob es in diesem Jahr noch möglich sein wird – Wie Sie sicher wissen, hat er etwas gegen den Krieg unterschrieben oder etwas ähnliches – deswegen darf man seine Methoden bei uns nicht anwenden – aber wenn es möglich sein wird – sage ich es Ihnen. Und wenn Sie einmal im Sommer Zeit haben, lassen Sie es mich auch wissen – ich tanze Ihnen irgendwo auf einer Wiese, was Sie haben wollen – ich werde Ihnen Dalcroze tanzen, und ich werde Ihnen meine Tänze tanzen – ich werde Ihnen Beethovens »Pathetische« tanzen – und Dvořáks Symphonie »Aus der Neuen Welt« – und ich werde Ihnen meine achtzehn Jahre tanzen – *wollen Sie?* Sie sagen – daß man damit die Affektiertheit trainiert? *Ja.* Das mag sein. Bei den Menschen, die affektiert sein wollen. Aber wie wun-

* Emile Jacques Dalcroze (1865–1950), französischer Komponist und Begründer eines rhythmischen Erziehungssystems. Seine Schule in Hellerau bei Dresden erlangte in der Zeit um den I. Weltkrieg Berühmtheit.

derbar man damit den Rhythmus und den Sinn für die Musik trainiert – und den Sinn für die Bewegung – Und – aber darüber ein anderes mal mehr. »Dafür habe ich keine Zeit« –

Ja. Sie würden dort in Trikots turnen und sinnvolle Übungen machen – damit aus ihnen gesunde Menschen werden [...]* würden dort – und – oh Gott – schauen Sie, wir sind doch schon heute *Frauen* und rechnen Sie, daß 95% von uns heiraten und Kinder haben werden – sagen Sie mir, wie werden diese Kinder wohl aussehen? In unserer Klasse sind vielleicht nur drei – vier – die *nicht* an Blutarmut leiden. Wir sollen *die neue Generation* sein – aber nicht nur das – wir sollen die neue Generation *zur Welt bringen*. Womit? Wie? Mit diesen ärmlichen, blutarmen Körpern? Schauen Sie – ich bin ein *gesundes, starkes junges Mädchen* – aber Gott weiß – ich möchte in diesem körperlichen Zustand, in dem ich jetzt bin, keine Kinder zur Welt bringen. Und ich bin doch (dank dem Vater) extrem abgehärtet, es gibt keine Sportart, die ich nicht beherrschen würde – bin gut ernährt – wohne gut. – Ich bin gut gekleidet – lebe nach allen Regeln der Hygiene – und bin schrecklich blutarm – *Warum?* Gott sei Dank – ich habe einen Vater, der mir alles geben kann, was ich für meine Gesundheit brauche. Aber bei uns sind Mädchen, die dieses Glück nicht haben. Zuhause sind sie zu sechst, zu siebt [...] sind sie alle zusammen – sieht es auch anders aus – und wenn sie in der Schule so und schlimmer noch – körperlich unterdrückt sind – wie sehen dann erst die Frauen aus – die acht Jahre lang Tag für Tag eine solche Schule besuchen?

Im vergangenen Jahr kam der Subphysicus Dr. Klika – zu uns in die Schule. Ich kenne ihn gut. Einen Tag später habe ich ihn gefragt, wie es ihm bei uns gefallen habe. Er stellte sich vor

---

*Im Tschechischen behandelt Milena an dieser Stelle eine nicht übertragbare Frage der Rechtschreibung.

mich hin, nahm den Hut ab und sagte: »Schau mal nach, Milena, ob mir noch das Haar zu Berge steht. Ich war gestern ganz zerzaust, als ich nach Hause kam.« Und – was geschah –? Nichts: Er schrieb Empfehlungen, leitete sie an die Stadt weiter, die Stadt legte sie auf den Tisch – und das war es. Jetzt ist es natürlich schon zu spät – jetzt gibt es für die Schulen kein Geld. O – ich ärgere mich so. –

Oder schauen Sie – das hat noch niemand gemerkt – Und da könnte man *leicht etwas verändern.* Der Hausmeister verkauft auch Essen. Fräulein Professor, haben Sie sich dort schon mal ein Würstchen gekauft? Machen Sie es einmal mir zuliebe – ich bitte Sie – kaufen Sie sich eins. Es kostet nur sechs Neue. Neulich hatte ich um zehn Deutsch und bin früher gekommen. Ich ging zur Hausmeisterin, um mir ein Würstchen zu kaufen – es war Viertel vor zehn. Die *Betten* waren *nicht gemacht,* es war *nicht gelüftet.* Auf einem nicht gemachten Eisenbett stand das Körbchen mit den Semmeln, auf dem Herd ein Topf mit den Würstchen, darüber kämmte sich die Hausmeisterin das Haar. –

Dann – ohne sich die Hände zu waschen, gab sie mir mit der bloßen Hand das Würstchen – Fräulein, ich denke, ich würde *lieber* vor Hunger sterben, als etwas von dort zu essen. –

Wäre es denn so schwer, dafür Sorge zu tragen, daß das angebotene Essen frisch und *sauber, s-a-u-ber* ist und schmackhaft? Die Sorge dafür könnte doch eine von uns übernehmen – es wäre nicht so mühsam, wenn wir uns abwechseln würden – schön sauber in weißen Schürzen. Dies ist allerdings meine private Meinung – Oder eine andere Kleinigkeit. Wir sind fast vierzig. Das Handtuch muß für vierzehn Tage reichen. Fräulein Professor. – Sie haben zu Hause Ihr Waschbecken nur für sich *alleine* – und wenn Sie nur vier Tage lang dasselbe Handtuch benutzen sollten – was würden Sie dazu sagen –.

Und der Staub in den Gängen! Die schmutzigen Fenster – die schmutzigen Böden – überall – überall – überall Schmutz. –

Mein Gott, sieht es niemand vom Kollegium. Sie gehen doch auch dran vorbei – ich sage es Ihnen, denn würde ich es jemand anderem sagen – bekäme ich sicherlich eine drei in Betragen. – Und übrigens sage ich es einem Menschen, dem ich über mich selbst schreibe. Die anderen sind mir gleich.

Aber wissen Sie – wenn man es mir erlauben würde – ich würde selbst einmal in der Woche Eimer, Putzlappen und Bürste nehmen und unser Klassenzimmer schrubben. –

Das ertrage ich – alles – alles – aber Schmutz – das ist schrecklich.

So würde es also in der meinigen Schule aussehen.

Und – die Bibliothek wäre dort *groß*, und bis zur Quarta müßte man *die ganze tschechische Literatur* kennen. Als Fräulein Professor Jakobšová von uns ein Verzeichnis von Büchern der tschechischen Literatur, die wir gut kennen, haben wollte, haben wir höchstens zwanzig zusammenbekommen – schrecklich. Wenn sie mich fragen würde, was ich aus der deutschen, der französischen – der schwedischen – kenne – wüßte ich das Doppelte. Und da denke ich manchmal von mir, daß ich intelligent bin – und daß ich viel kenne. Und schon für die erste Klasse würde ich fordern, daß sie arbeiten – und *etwas wissen*. Ja. In der Oktava überhäuft man sie mit einer Menge an Stoff, der diese Kenntnisse voraussetzt – aber es sind keine Kenntnisse vorhanden. – Also. Und was nun?

Entweder muß man alles wieder neu oder alles auswendig lernen. Nie würde ich Griechisch und Latein ausschließen – aber Deutsch, Französisch und Englisch wären *obligatorisch.* In vier Jahren kann man ohne große Mühe fließend sprechen lernen. In den weiteren vier Jahren die Kulturgeschichte kennenlernen. Stellen Sie sich vor, was wir heute alles wissen könnten.

Oder die Physik. Man hat das Fach in der Quarta und in der Oktava wieder. Wozu? Wenn man sie in der Quarta *richtig* lernen würde, könnte man in der Oktava die Geschichte der Industrie durchnehmen – die Geschichte der Entwicklung unserer heutigen Zeit. Es ist doch so ungeheuerlich interessant – Warum spielt man Jahre lang mit uns?

Diese meine Schule – ach, meine Schule würde gebildete, feste, gesunde, gehärtete Menschen in die Welt entlassen, die Lust an der Arbeit haben und Freude am Leben – und nicht einen Haufen vom Leben gelangweilte, verdrossene, unglückliche Greise. –

Dazu würde die meine Schule erziehen: Menschen, die ihr Ziel haben, was ihnen genügt, um gerne auf der Welt zu sein.

Ich weiß nicht, ob es Mode ist, unglücklich zu sein – aber dieses Jammern und Leiden der Menschen, die vom Leben eigentlich nichts wissen – ist mir *furchtbar widerlich.*

Ah – »sie wird sich umbringen« – ach – sie wird sich umbringen und hat auf der Welt noch gar nichts geleistet. So. Aber jetzt haben Sie zu verantworten, daß ich Latein nicht kann. Schon gehe ich lernen. Herr Professor Říha ist einer der wenigen schätzenswerten Lehrer.

Und wenn ich die meine Schule aufbaue – dann werden Sie dort der Direktor sein – ja? Das wäre sehr schön.

15.7.1915

Noch bevor ich mit Ihnen sprechen werde, möchte ich mich bei Ihnen bedanken. Nicht nur für die Matura. Für all die acht Jahre. Dafür, daß Sie mich niemals verurteilt haben für Dinge, die ich liebe, daß Sie mich als einzige nicht ausgelacht haben für das, was ich lese, und für das, was mir gefällt. Und dafür, daß Sie niemals zu mir gesagt haben, ich sei überspannt, weil ich Musik, Bilder und Bücher gerne habe – Ich dachte gestern, ich müßte vor Schmerz ersticken – daß man all dies auch noch

am letzten Tag bei der letzten Prüfung zu hören bekommt –
daß man vor allen an den Pranger gestellt wurde selbst beim
letzten Mal –

Sie haben mir kein einziges schmerzendes Wort gesagt – Sie
haben nie überheblich mit mir gesprochen oder in erniedrigen-
dem Ton – Die anderen haben immer so gesprochen – Und
dafür – gerade dafür danke ich Ihnen am meisten –

Ich *vergesse es Ihnen nie* und werde Ihnen immer dankbar
dafür bleiben – für immer –

Alles andere sage ich Ihnen mündlich.

Ich freue mich sehr darauf, endlich frei mit Ihnen sprechen
zu können – Und – ich komme so offen zu Ihnen, wie ich nur
kann.

II

1920–1924

In der Zeit nach dem Abitur im Jahre 1915 erlebt Milena
Jesenská ihre Sturm-und-Drang-Zeit, eine Art der Revolte
gegen den tyrannischen Vater. Sie bricht ihr Medizinstudium
ab und wird zu einer ständigen »Insassin« der Prager Kaffeehäuser, insbesondere des Cafés Arco, in dem junge jüdische
Intellektuelle, u. a. Franz Werfel, Max Brod, Willi Haas und
Franz Kafka verkehren. Die Konflikte mit dem Vater eskalie-
ren, als sie im Café Arco den Bankbeamten von Beruf, Litera-
ten von Berufung, Ernst Polak kennenlernt, und enden mit der
Zwangseinweisung Milenas in eine psychiatrische Anstalt. Im
März 1918 heiratet Milena Jesenská Ernst Polak und geht mit
ihm nach Wien, wo sie sechs Jahre verbringt. Auf der Suche
nach Verdienstmöglichkeiten in dem von Inflation und Not
heimgesuchten Wien beginnt sie, für tschechische Zeitungen
zu schreiben und zu übersetzen. Der erste Autor, den sie ins
Tschechische überträgt, ist der damals noch gänzlich unbekannte Franz Kafka. Beider Liebe – in Hunderten von Briefen,
die zwischen Prag und Wien wechseln, festgehalten – wird
Jahrzehnte später Jesenská als Empfängerin der »Briefe an
Milena« die Unsterblichkeit sichern.

Jahrzehntelang werden es nur Kafkas Briefe sein, die die
kulturelle Öffentlichkeit und die Wissenschaftler interessieren. Nach dem Verbleib ihrer Briefe forschte zu der Zeit, als es
noch möglich gewesen wäre, Max Brod oder Dora Diamant zu
fragen, niemand. So bleiben als Hinweis nur zwei etwas wider-

sprüchliche Stellen aus den Briefen Jesenskás an Max Brod vom Juli 1924. In dem ersten bittet Milena Brod darum, die Briefe zu verbrennen, in dem zweiten, sie von der Familie Kafka für sie zu holen. Was mit den Briefen wirklich geschah, wissen wir nicht. Da auch ein weiteres Briefekonvolut aus dieser Zeit – Milenas Briefe an die Freundin Saša Jílovská, die noch nach dem Krieg existierten – heute unauffindbar ist, stellen die acht Briefe an Max Brod aus den Jahren 1920–1924 das einzige Briefzeugnis aus ihrer Hand über ihre Beziehung zu Franz Kafka dar. Sehr wahrscheinlich existieren auch hier die Originale nicht mehr, und wir sind auf ihre Wiedergabe und Übersetzung durch Max Brod angewiesen. Die ersten und die letzten beiden Briefe hat Milena in deutscher Sprache geschrieben.

Der Adressat dieser Briefe Max Brod (1884–1968) lebt im Bewußtsein der deutschen Kulturöffentlichkeit vor allem als Freund Franz Kafkas fort und als Retter, Hüter, Herausgeber und erster Interpret seines Werkes. Weniger bekannnt ist Max Brod als produktiver Autor mehrerer literarischer Werke und als Vermittler zwischen der deutschen und der tschechischen Kultur.

Briefe an
Max Brod

Sehr geehrter Herr Doktor!

Sie wollten von mir irgendeine Beweisen, daß dem Herrn
N. N. in Weleslawin Unrecht geschieht. Ich kann Ihnen leider
sehr wenig bestimmtes für Behörden reifes sagen, obgleich ich
es ungemein gern täte. Ich war in Weleslawin seit Juni 1917 bis
März 1918, ich wohnte in derselben Villa und alles, was ich für
ihn tun konnte war, daß ich ihm einigesmal Bücher borgte und
mich einigesmal einsperren ließ; er darf nämlich mit keinen
Menschen reden, wenn es gesehen ist, daß er, auch ganz be-
lanklos und in Anwesenheit des Pflegers, mit jemanden redet,
sind dann alle eingesperrt und Pfleger entlassen. [...]
Nur ist Psychiatrie eine entsetzliche Sache, wenn sie miß-
braucht ist, anormal kann alles sein und jedes Wort ist neue
Waffe für den Quäler. Daß es im Grunde so ist, daß Herr N. N.
auch anders im Welt existieren kann, das will ich schwören.
Beweisen allerdings kann ich nichts. [...]
Ich habe noch eine große Bitte an Sie, Herr Doktor. Sie wissen ja, daß ich nie von Frank erfahren kann, wie es ihm geht,
daß er immer eigentlich »ausgezeichnet« daran ist, der liebe
Mensch, und daß er sozusagen übergesund und überruhig ist
und so weiter. Ich möchte Sie bitten, wirklich bitten, *bitten* –
wenn Sie sehen, wenn Sie spüren, daß er leidet, daß er meinetwegen körperlich leidet, bitte, schreiben Sie mir sofort davon,
ich sage ihm nicht, daß ich es von Ihnen weiß, und ich werde

Max Brod

ein bißchen ruhiger, wenn Sie es mir versprechen. Wie ich ihm dann helfen werde, weiß ich nicht, aber *daß* ich helfen werde, weiß ich ganz genau. Frank sagt man muß Sie »lieben, auf Sie stolz sein, Sie bewundern«, nun tue ich das alles und danke Ihnen vielmals schon voraus – schon dafür, daß ich mich auf Sie verlassen kann.

(Im Original deutsch)

[Wien, 29. Juli 1920]

[…] Ich war wirklich sehr erschrocken, ich wußte es nicht, daß Franzens Krankheit so ernst ist, hier war er wirklich wie gesund, husten habe ich ihn überhaupt nicht gehört, er war frisch und froh und schlief gut. Sie danken mir, lieber, lieber Max, Sie danken mir, anstatt mir Vorwürfe zu machen, daß ich schon längst nicht bei ihm bin, daß ich hier sitze und *nur* Briefe schreibe. Ich bitte Sie – ich bitte Sie darum: denken Sie nicht von mir, daß ich schlecht bin, daß ich es mir leicht mache. Ich bin ganz zerquält hier, ganz verzweifelt (nicht Frank sagen!) und weiß für mich keinen Rat und keine Hilfe. Daß Sie aber schreiben, daß Frank doch etwas aus mir hat und von mir hat, etwas Gutes, das ist, wirklich Max, das ist das größte Glück überhaupt. Frank wird gewiß irgendwohin fahren*, ich werde alles dazu tun, und wenn es nicht anders gehen wird, komme ich selbst nach Prag im Herbst, und wir werden ihn schon wegschicken, nicht wahr, und auch das hoffe ich, daß er dort ruhig und mit guten seelischen Zustand sein wird, ich – muß ich es sagen? – ich werde alles dafür tun.

Die Geschichte meiner Ehe und meiner Liebe zu meinem

---

* Dieser Satz bezieht sich auf Brods ständiges Drängen, Kafka möge das Amt aufgeben und ein Sanatorium aufsuchen. Erst Ende 1920 entschloß er sich zu diesem notwendigen Schritt.

Mann ist sehr kompliciert, um sie hier erzählen zu können. Nur ist sie so, daß ich jetzt nicht fort kann, ich kann vielleicht überhaupt nicht, ich – nein, Worte sind nur dumm. Aber ich suche immerfort Ausweg für mich selbst, immerfort Lösung, immerfort das Gute und Richtige. Max, bitte seien Sie überzeugt, daß ich Frank nicht leiden lasse, bitte glauben Sie es mir, daß es mir wichtiger ist als alles andere auf der Welt.

Nun jetzt sind Sie dort bei ihm, und Sie werden mir sofort sagen, wenn irgend etwas zu sagen wäre, Sie werden streng und wahrhaftig zu mir sein, nicht wahr, es ist mir heute etwas leichter, weil ich Sie habe, weil ich nicht mehr so ganz allein bin.

Bitte, wenn Sie dann zurückkommen, schreiben Sie mir die äußerliche Bedingungen der Reise (Bureau, zum Beispiel) und überhaupt, wie und was dazu nötig ist und vor allem: ob wirklich vom Arzt hin eine Hoffnung dasteht, daß er gesunden kann? Das alles ist unwichtig, was schreibe ich das? Hauptsache, daß er wegfährt, und er wird es tun, gewiß ja.

Ich danke Ihnen vielmals. Ich bin Ihnen wirklich tief dankbar, Ihr Brief war so gut zu mir. Verzeihen Sie, daß ich Sie Max nenne, Franz tut es so und ich bin schon so gewöhnt.

Viele Grüße
Milena P.   (Im Original deutsch)

[Wien, Anfang August 1920]

[...] Auf Ihren Brief hätte ich tage- und nächtelang zu antworten. Sie sagen, wie es komme, daß sich Frank vor der Liebe fürchtet und vor dem Leben nicht fürchtet? Aber ich denke, daß es anders ist. Für ihn ist das Leben etwas gänzlich anderes als für alle andern Menschen, vor allem sind für ihn das Geld, die Börse, die Devisenzentrale, eine Schreibmaschine völlig mystische Dinge (und sie sind es ja in der Tat, nur für uns andere nicht), sie sind für ihn die seltsamsten Rätsel, zu denen er durchaus nicht so steht wie wir –. Ist denn etwa seine Beamtenarbeit eine gewöhnliche Ausführung eines Dienstes? Für ihn ist das Amt – auch sein eigenes – etwas so Rätselhaftes, so Bewundernswertes wie für ein kleines Kind eine Lokomotive. Die einfachste Sache auf der Welt versteht er nicht. Waren Sie einmal mit ihm in einem Postamt? Wenn er ein Telegramm stilisiert und kopfschüttelnd ein Schalterfensterchen sucht, das ihm am besten gefällt, wenn er dann, ohne im geringsten zu begreifen, warum und weswegen, von einem Schalter zum nächsten wandert, bis er an den richtigen gerät, und wenn er zahlt und Kleingeld zurückbekommt, zählt er nach, was er erhalten hat, findet, daß man ihm eine Krone zu viel herausgegeben hat, und gibt dem Fräulein hinter dem Fenster die Krone zurück. Dann geht er langsam weg, zählt nochmals nach und auf der letzten Stiege unten sieht er nun, daß die zurückerstattete Krone ihm gehört hat. Nun, jetzt stehen Sie ratlos neben ihm, er tritt von einem Fuß auf den andern und denkt nach, was zu tun wäre. Zurückgehen, das ist schwer, oben drängt sich ein Haufen von Menschen. »Also, laß es doch sein«, sage ich. Er schaut mich ganz entsetzt an. Wie kann man es lassen? Nicht daß ihm um die Krone leid wäre. Aber gut ist es nicht. Da ist um eine Krone zu wenig. Wie kann man das auf sich beruhen lassen? Er hat lange darüber geredet. War mit mir sehr unzufrieden. Und das wiederholte sich in jedem Geschäft, in jedem Restaurant, bei jeder Bettlerin, in verschiedenen Variationen. Einmal hat er einer Bettlerin zwei Kronen gegeben und wollte eine Krone heraushaben. Sie sagte, daß sie nichts habe. Wir sind gute zwei Minuten dagestanden und haben darüber nachgedacht, wie wir die Sache durchführen sollten. Da fällt ihm ein, er könnte ihr beide Kronen lassen. Aber kaum hat er ein paar Schritte gemacht, wird er sehr verdrießlich. Und derselbe

Mensch würde mir selbstverständlich sofort mit Begeisterung, voll Glück zwanzigtausend Kronen geben. Aber würde ich ihn um zwanzigtausendundeine Kronen bitten und wir müßten irgendwo Geld wechseln und wüßten nicht wo, so würde er ernstlich überlegen, wie er das mit der einen Krone machen solle, die mir nicht gebührt. Seine Beengtheit dem Geld gegenüber ist fast die gleiche wie der Frau gegenüber. Seine Angst vor dem Amt ebenso. Ich habe ihm einmal telegraphiert, telephoniert, geschrieben, ihn bei Gott angefleht, er möge für einen Tag zu mir kommen. Es war mir damals sehr notwendig. Ich habe ihn auf Tod und Leben verflucht. Er hat nächtelang nicht geschlafen, sich gequält, Briefe voll Selbstvernichtung geschrieben, ist aber nicht gekommen. Warum? Er hat nicht um Urlaub ersuchen können. Er hat doch dem Direktor, demselben Direktor, den er aus tiefster Seele bewundert (ernstlich!), weil er so schnell Maschine schreibt, – er hat ihm doch nicht sagen können, daß er zu mir fährt. Und etwas anderes sagen – wieder ein entsetzter Brief – wie denn? Lügen? Dem Direktor eine Lüge sagen? Unmöglich. Wenn Sie ihn fragen, warum er seine erste Braut geliebt hat, antwortet er: »Sie war so geschäftstüchtig«*, und sein Gesicht beginnt vor Ehrerbietung zu strahlen.

Ach nein, diese ganze Welt ist und bleibt ihm rätselhaft. Ein mystisches Geheimnis. Etwas, was er nicht zu leisten vermag und was er mit rührender reiner Naivität hochschätzt, weil es »geschäftstüchtig« ist. Als ich ihm von meinem Mann erzählte, der mir hundertmal im Jahr untreu ist, der mich und viele andere Frauen in einer Art Bann hält, erhellte sich sein Gesicht in derselben Ehrfurcht wie damals, als er von seinem Direktor sprach, der so schnell Maschine schreibt und daher ein so vorzüglicher Mensch ist, und wie damals, als er von seiner Braut sprach, die so »geschäftstüchtig« war. Das alles ist für

* Diese vier Worte im Originalbrief deutsch.

ihn etwas Fremdes. Ein Mensch, der an der Schreibmaschine schnell ist, und einer, der vier Liebchen hat, ist ihm genauso unbegreiflich wie die Krone beim Postamt und die Krone bei der Bettlerin, unbegreiflich deshalb, weil es lebendig ist. Aber Frank kann nicht leben. Frank hat nicht die Fähigkeit zu leben. Frank wird nie gesund werden. Frank wird bald sterben.

Gewiß steht die Sache so, daß wir alle dem Augenschein nach fähig sind zu leben, weil wir irgendeinmal zur Lüge geflohen sind, zur Blindheit, zur Begeisterung, zum Optimismus, zu einer Überzeugung, zum Pessimismus oder zu sonst etwas. Aber er ist nie in ein schützendes Asyl geflohen, in keines. Er ist absolut unfähig zu lügen, so wie er unfähig ist, sich zu betrinken. Er ist ohne die geringste Zuflucht, ohne Obdach. Darum ist er allem ausgesetzt, wovor wir geschützt sind. Er ist wie ein Nackter unter Angekleideten. Es ist das alles nicht einmal Wahrheit, was er sagt, was er ist und lebt. Es ist solch ein determiniertes Sein an und für sich, von allen Zutaten entledigt, die ihm helfen könnten, das Leben zu verzeichnen – in Schönheit oder in Elend, einerlei. Und seine Askese ist durchaus unheroisch – hierdurch allerdings um so größer und höher. Jeder »Heroismus« ist Lüge und Feigheit. Das ist kein Mensch, der sich seine Askese als Mittel zu einem Ziel konstruiert, das ist ein Mensch, der durch seine schreckliche Hellsichtigkeit, Reinheit und Unfähigkeit zum Kompromiß zur Askese gezwungen ist.

Es gibt sehr gescheite Menschen, die auch keine Kompromisse machen wollen. Aber sie legen Wunderbrillen an, mit denen sie alles anders sehen. Darum brauchen sie keine Kompromisse. Dann können sie rasch Maschine schreiben und Weiber haben. Er steht neben ihnen und schaut sie verwundert an, alles, auch diese Schreibmaschine und diese Weiber. Nie wird er es begreifen.

Seine Bücher sind erstaunlich. Er selbst ist viel erstaunlicher.

Ihnen danke ich vielmals für alles. Alles Gute. Wenn ich nach Prag komme, darf ich Sie besuchen, nicht wahr. Ich grüße Sie herzlichst.

[Wien, Anfang Januar 1921]

Lieber Herr Doktor.

Verzeihen Sie, daß ich nicht deutsch schreiben kann. Vielleicht können Sie so viel Tschechisch, daß Sie mich verstehen; verzeihen Sie, daß ich Sie belästige. Ich weiß mir nur einfach keinen Rat, mein Gehirn erträgt keine Eindrücke und keine Gedanken mehr, nimmt keine mehr auf, ich weiß nichts, ich fühle nichts, ich begreife nichts; es scheint mir, daß mir in diesen Monaten etwas ganz Entsetzliches zugestoßen ist, aber ich weiß nicht viel davon. Ich weiß überhaupt nichts von der Welt, ich fühle nur, daß ich mich töten würde, wenn ich mir irgendwie das zu Bewußtsein bringen könnte, was sich eben meinem Bewußtsein entzieht.

Ich könnte Ihnen erzählen, wie und wodurch und warum alles geschehen ist; ich könnte Ihnen alles über mich, über mein Leben erzählen; aber wozu das – und ferner: ich weiß es nicht, ich halte nur Franks Brief aus Tatra in der Hand, eine ganz tödliche Bitte und zugleich einen Befehl: »Nicht schreiben und verhindern, daß wir zusammenkommen, nur diese Bitte erfülle mir im stillen, sie allein kann mir irgendein Weiterleben ermöglichen, alles andere zerstört weiter.«*

Ich traue mich nicht, eine Frage, ein Wort zu senden; ich weiß auch nicht, was ich von Ihnen erfragen will. Ich weiß nicht, was – weiß nicht, was ich wissen will. Jesus Christus, ich möchte meine Schläfen ins Gehirn hineindrücken. Nur eines

---

* Diesen Satz Kafkas führt Milena auf deutsch an.

sagen Sie mir, Sie sind mit ihm während der letzten Zeit beisammen gewesen, Sie wissen es: bin ich schuldig oder bin ich nicht schuldig? Ich bitte Sie um Gottes willen, schreiben Sie mir keinen Trost, schreiben Sie mir nicht, daß niemand schuld daran ist, schreiben Sie mir keine Psychoanalyse. Das alles, hören Sie, das alles, was Sie mir schreiben könnten, weiß ich. Ich habe zu Ihnen Vertrauen, Max, in der vielleicht schwersten Stunde meines Lebens, Gott weiß es; ich bitte Sie, haben auch Sie Vertrauen. Bitte verstehen Sie, was ich will. Ich weiß, wer Frank ist; ich weiß, was geschehen ist, und ich weiß nicht, was geschehen ist, ich bin an den Grenzen des Wahnsinns, ich habe mich bemüht, richtig zu handeln, zu leben, zu denken, zu fühlen, dem Gewissen gemäß, aber irgendwo *ist* Schuld. Darüber will ich hören. Freilich weiß ich nicht, ob Sie mich verstehen können. Ich will wissen, ob es mit mir so steht, daß auch unter mir Frank leidet und gelitten hat wie unter jeder andern Frau, so daß seine Krankheit ärger wurde, so daß er auch vor mir in seine Angst fliehen mußte und so daß auch ich jetzt verschwinden muß, ob ich schuld daran bin oder ob es eine Konsequenz seines eigenen Wesens ist. Ist es klar, was ich sage? Ich *muß* es wissen. Sie sind der einzige, der vielleicht etwas weiß. Ich bitte Sie, antworten Sie mir, bitte antworten Sie mir die völlig nackte, einfache, allenfalls brutale Wahrheit, nämlich das, was Sie wirklich denken. [...] Ich werde Ihnen sehr dankbar sein, wenn Sie mir antworten. Das ist ein gewisser Ausgangspunkt für mich. Ferner bitte ich um Nachricht, wie es ihm geht? Seit Monaten weiß ich nichts von ihm. [...] Meine Adresse: M. P., Wien VIII, Postamt 65, Bennogasse. Verzeihen Sie, ich kann den Brief nicht umschreiben; ich kann ihn nicht einmal lesen. Ich danke.

Milena

[...] Ich danke Ihnen für Ihre Liebenswürdigkeit. Inzwischen bin ich etwas zur Besinnung gekommen. Ich kann wieder denken. Es ist mir dadurch nicht etwa besser geworden. Daß ich Frank nicht schreiben werde – ist doch absolut selbstverständlich. Wie könnte ich denn! Wenn es wahr ist, daß die Menschen auf der Erde eine Aufgabe zu erfüllen haben, so habe ich diese Aufgabe neben ihm sehr schlecht erfüllt. Wie könnte ich so unbescheiden sein und ihm schaden, wenn ich ihm nicht zu helfen vermocht habe?

Was seine Angst ist, das weiß ich bis in den letzten Nerv. Sie existierte auch schon immer vor mir, solange er mich nicht kannte. Ich habe seine Angst eher gekannt, als ich ihn gekannt habe. Ich habe mich gegen sie gepanzert, indem ich sie begriffen habe. In den vier Tagen, in denen Frank neben mir war, hat er sie verloren. Wir haben über sie gelacht. Ich weiß gewiß, daß es keinem Sanatorium gelingen wird, ihn zu heilen. Er wird nie gesund werden, Max, solange er diese Angst haben wird. Und keine psychische Stärkung kann diese Angst überwinden, denn die Angst verhindert die Stärkung. Diese Angst bezieht sich nicht nur auf mich, sondern auf alles, was schamlos lebt, auch beispielsweise auf das Fleisch. Das Fleisch ist zu enthüllt, er erträgt nicht, es zu sehen. Das also habe ich damals zu beseitigen vermocht. Wenn er diese Angst spürte, hat er mir in die Augen gesehen, wir haben eine Weile gewartet, so als ob wir keinen Atem bekommen könnten oder als ob uns die Füße wehtäten, und nach einer Weile ist es vergangen. Es war nicht die geringste Anstrengung nötig, alles war einfach und klar, ich habe ihn über die Hügel hinter Wien geschleppt, ich bin vorausgelaufen, da er langsam gegangen ist, er ist hinter mir hergestampft, und wenn ich die Augen schließe, sehe ich noch sein weißes Hemd und den abgebrannten Hals und wie er sich anstrengt. Er ist den ganzen Tag gelaufen, hinauf, hinunter, er ist in der Sonne gegangen, nicht ein einziges Mal hat er gehustet, er hat schrecklich viel gegessen und wie ein Dudelsack geschlafen, er war einfach gesund, und seine Krankheit war uns in diesen Tagen etwas wie eine kleine Erkältung. Wäre ich damals mit ihm nach Prag gefahren, so wäre ich ihm die geblieben, die ich ihm war. Aber ich war mit beiden Füßen unendlich fest mit dieser Erde hier zusammengewachsen, ich war nicht imstande, meinen Mann zu verlassen, und vielleicht war ich zu sehr Weib, um die Kraft zu haben, mich diesem Leben zu unterwerfen, von dem ich wußte, daß es strengste Askese bedeuten würde, auf Lebenszeit. In mir aber ist eine unbezwingbare Sehnsucht, ja eine rasende Sehnsucht nach einem ganz anderen Leben, als ich es führe und als ich es wohl je führen werde, nach einem Leben mit einem Kinde, nach einem Leben, das der Erde sehr nahe wäre. Und das hat also wohl in mir über alles andere gesiegt, über die Liebe, über die Liebe zum Flug, über die Bewunderung und nochmals die Liebe. Man mag übrigens darüber was immer sagen, so kommt doch nur eine Lüge heraus. Diese ist vielleicht noch die kleinste. Und dann war es eben schon zu spät. Dann ist dieser Kampf in mir zu deutlich sichtbar geworden und das hat ihn erschreckt. Gerade das ist es ja, wogegen er sein ganzes Leben lang ankämpft, von der andern Seite her. Bei mir hat er sich ausruhen können. Aber dann hat es begonnen, ihn auch bei mir zu verfolgen. Gegen meinen Willen. Ich habe ganz gut gewußt, daß etwas geschehen ist, was nicht mehr beseitigt werden kann. Ich war zu schwach, als daß ich das hätte tun und erfüllen können, wovon ich gewußt habe, daß es einzig und allein ihm geholfen hätte. Es *ist* dies meine Schuld. Und auch Sie wissen, daß es meine Schuld ist. Das, was man auf Franks Nicht-Normalität schiebt, gerade das ist sein Vorzug. Die Frauen, die mit ihm zusammengekommen sind, waren gewöhnliche Frauen und haben nicht anders zu leben gewußt als eben Frauen. Ich glaube eher, daß wir alle, die ganze Welt und alle Menschen krank sind und er der einzige Gesunde und richtig Auffassende und richtig Fühlende und der einzige reine Mensch. Ich weiß, daß er sich nicht gegen das *Leben* wehrt, sondern nur gegen *diese Art von Leben da* wehrt er sich. Hätte ich es zustande gebracht, mit ihm zu gehen, so hätte er mit mir glücklich leben können. Aber das weiß ich erst heute, all dies. Damals war ich ein gewöhnliches Weib wie alle Weiber auf der Welt, ein kleines, triebhaftes Weibchen. Und daraus ist seine Angst entstanden. Sie war richtig. Ist es denn möglich, daß dieser Mensch etwas fühlte, was nicht richtig wäre? Er weiß von der Welt zehntausendmal mehr als alle Menschen der Welt. Diese seine Angst war richtig. Und Sie irren, Frank wird mir nicht von selbst schreiben. Es gibt nichts, was er mir schreiben könnte. Es gibt in der Tat kein einziges Wort, das er mir in dieser Angst sagen könnte. Daß er mich liebt, weiß ich. Er ist zu gut und schamhaft, als daß er aufhören könnte, mich zu lieben. Er würde das als eine Schuld ansehen. Er hält ja immer sich für den, der schuldig ist und der schwach ist. Und dabei gibt es auf der ganzen Welt keinen zweiten Menschen, der seine ungeheure Kraft hätte: diese absolute unumstößliche Notwendigkeit zur Vollkommenheit hin, zur Reinheit und zur Wahrheit. So ist es. Bis zum letzten Blutstropfen weiß ich, daß es so ist. Ich kann es mir nur nicht ganz zu Bewußtsein bringen. Wenn das geschehen wird, wird es schrecklich sein. Ich renne durch die Gassen, sitze ganze Nächte lang am Fenster, manchmal hüpfen mir die Gedanken wie die kleinen Funken beim Messerschleifen, und das Herz hängt mir wie an einem Angelhaken, wissen Sie, an einem ganz dünnen Häkchen, und das reißt so, mit solch einem ganz dünnen, entsetzlich scharfen Schmerz.

Mit meiner Gesundheit bin ich ganz am Ende angelangt, und wenn mich etwas noch oben hält, so geschieht es gegen meinen

Willen, und es ist wohl dasselbe, was mich bis hierher getragen hat, etwas sehr Unbewußtes, eine unwillkürliche Liebe zum Leben. Neulich habe ich irgendwo am andern Ende von Wien plötzlich solche Geleise gefunden, wissen Sie, stellen Sie sich kilometerlange Gassen vor, wie eine würfelförmige Grube – und unten Geleise, rote Lichter, Lokomotiven, Viadukte, Waggons, solch ein schwarzer grauenhafter Organismus war das, ich bin daneben gesessen und es war, als ob etwas atmete. Ich dachte, daß ich verrückt werden muß vor lauter Leid, Sehnsucht und schrecklicher Liebe zum Leben. Ich bin so allein, wie Stumme allein sind, und wenn ich Ihnen da von mir spreche, so deshalb, weil ich die Worte schon auskotze, sie jagen gänzlich gegen meinen Willen hervor, da ich schon nicht mehr schweigen kann. Verzeihen Sie.

Ich werde Frank nicht schreiben, keine Zeile, und was weiterhin geschehen wird, weiß ich nicht. Im Frühling komme ich nach Prag und werde Sie besuchen. Und wenn Sie mir von Zeit zu Zeit schreiben, wie es ihm geht – ich gehe täglich zur Post, ich kann es mir nicht abgewöhnen –, werde ich sehr glücklich sein.

Ich danke Ihnen nochmals.

M. P.

Noch eine Bitte: eine sehr lächerliche. Meine Übersetzung der Bücher »Urteil«, »Verwandlung«, »Heizer«, »Betrachtung«, wird bei Neumann erscheinen – Edition »Červen« – in der gleichen Ausstattung wie Charles Louis Philippes »Bubu«, Sie kennen das Buch doch wohl. –

Nun, ich bin damit fertig – Hirn und Herz hat es mir in den letzten Monaten gefressen, es war gräßlich, so verlassen zu sein und an seinen Büchern zu arbeiten – aber Neumann will von mir, daß ich »für das tschechische Lesepublikum einige Worte über ihn voraussende«. Jesus Christus, ich soll über ihn für die

Leute schreiben – ? Und ferner: ich habe einfach nicht die Fähigkeit dazu. Wollen Sie mir das nicht tun? Ich weiß nicht, ob Sie nicht politisch etwas dagegen haben – Červen ist kommunistisch, aber die Buchreihe ist parteilos. – Neumann gibt das Büchlein so herzlich und gern heraus und freut sich auf das Erscheinen – freilich würde Ihr Name mit dabei sein – stört Sie das? Wo nicht, bitte ich Sie darum. Etwa drei oder vier Seiten, ich werde sie übersetzen und als Vorwort beifügen. Ich habe einmal so etwas von Ihnen gelesen – eine Einleitung zu Laforgue – eine sehr sehr schöne Sache. Wollen Sie das für mich machen? Ich hätte Freude. Das Buch muß prachtvoll herauskommen, nicht wahr. Die Übersetzung *ist* gut. Und die Einführung von Ihnen wäre bestimmt gut. Bitte, wenn Sie keine politischen Bedenken haben, machen Sie das für mich. Freilich muß es eine Art Information für die tschechischen Leser sein. Aber schreiben Sie es nicht für die Leute, sondern so für sich selbst wie diese Laforgue-Vorrede. Sie sind dort, wo Sie lieben, aufrichtig und sehr hellseherisch. Und dann ist das, wie Sie sagen, sehr sehr schön. Es müßte sehr bald sein, Max, und ich bitte, tun Sie das für mich. Gern würde ich mit diesem nach allen Kräften vollkommenen Buch vor die Augen der Welt treten – wissen Sie, ich habe das Gefühl, als müsse ich etwas verteidigen, etwas rechtfertigen. Ich bitte Sie darum.

Und sagen Sie F. nichts. Wir werden ihn überraschen, einverstanden? Vielleicht – vielleicht wird er ein wenig Freude daran haben.

[Wien, Frühjahr/Sommer 1921]

Sehr geehrter Herr Doktor.

Verzeihen Sie, daß ich so spät antworte. Ich bin gestern zum erstenmal aus dem Bett aufgestanden, meine Lungen haben zu

Ende gewirtschaftet, der Arzt gibt mir nur noch ein paar Monate, wenn ich nicht sofort wegfahre. Gleichzeitig schreibe ich meinem Vater; schickt er mir Geld, fahre ich, wohin und wann, weiß ich noch nicht. Vorher aber komme ich bestimmt nach Prag und werde mir erlauben, Sie aufzusuchen, um etwas Genaueres über Frank zu erfahren. Ich schreibe Ihnen noch, wann ich einlange. Ich bitte Sie aber entschieden, F. von meiner Krankheit nichts zu sagen.

Ich habe keine Ahnung, wann das Buch erscheint, offenbar im Winter. Herausgegeben wird es von K. St. Neumann, im Verlag Borový, als Bändchen der Reihe Červen, Stefansgasse 37, vielleicht könnten Sie bei ihm anfragen, ob Sie die Vorrede separat veröffentlichen können, ehe sie im Buch erscheint. Es gibt wenig Papier und Geld, alles dauert lange, ich wollte von Ihrer Vorrede nichts streichen. (Sie ist so schön.)

Ich habe den Eindruck, als ob Sie sich irgendwie über mich ärgerten? Ich weiß nicht, warum ich diesen Eindruck hatte, so aus diesem Brief. Verzeihen Sie mir die »Analysen« Franks, es ist schändlich und ich schäme mich, daß ich mir das erlaubt habe, aber es ist mir manchmal, als müßte ich mein Gehirn mit den Handflächen zusammenpressen, damit es nicht zerspringt.

Ich danke Ihnen für alles und auf Wiedersehen.

Ihre M. P.

[Wien, Mitte Juli 1924]
Lieber Herr Doktor.

Ich schicke Ihnen dankend das Buch zurück, verzeihen Sie bitte, daß ich Sie nicht aufsuche. Ich glaube kaum, daß ich über Franz jetzt sprechen könnte, und Sie werden sicher auch jetzt nicht mit mir darüber sprechen wollen. Ich werde Sie, bis ich im September nach Prag komme, verständigen, wenn Sie gestatten. Ich bitte Sie, mich in freundlicher Erinnerung zu behalten und einen herzlichen Gruß Ihrer Frau auszurichten, der ich einmal, ohne es zu wollen, wahrscheinlich ein Unrecht angetan habe. Wenn Sie Gelegenheit dazu haben, sorgen Sie bitte dafür, daß meine Briefe, die Franz hatte, ins Feuer kommen, ich vertraue sie Ihnen ruhig an, wichtig ist es freilich nicht. Seine Manuskripte und Tagebücher (ganz und gar nicht mir bestimmt, sondern aus der Zeit stammend, bevor er mich kannte, ungefähr fünfzehn große Hefte) liegen bei mir und sind Ihnen, falls Sie sie brauchen, zur Disposition. Es ist so nach seinem Wunsch, er hat mich gebeten, es niemandem außer Ihnen zu zeigen und erst dann, bis er stirbt. Vielleicht kennen Sie sie schon auch teilweise.

Ich grüße Sie herzlichst und bleibe freundschaftlichst

Ihre Milena Polak   (Im Original deutsch)

                                                              27. VII. 24

Lieber Herr Doktor.

Ich konnte nicht nach Prag fahren um Ihnen die Manuskripte zu übergeben, trotzdem ich es sehr gerne getan hätte. Ich habe auch niemanden gefunden, dem ich es anvertrauen könnte, und per Post traue ich mich noch weniger die Hefte zu schicken. Ich werde trachten, meine Reise nach Prag bis zum Oktober zu verlegen, wo Sie hoffentlich schon zurück sind und ich Ihnen persönlich alles geben kann. Ich werde Sie auch bitten, mir meine Briefe von der Familie Kafkas zu holen, Sie erweisen mir damit etwas sehr Gutes. Persönlich will ich nicht um sie bitten, ich stand mit seinen Verwandten nie gut.

Ich danke Ihnen vielmals und nach dem 1. Oktober in Prag auf Wiedersehen! Sollten Sie auch da nicht in Prag sein, schreiben Sie mir, bitte, nach Wien, wann Sie von Italien zurückkommen.

Aufrichtige Grüße

Milena Polak   (Im Original deutsch)

III

1923–1929

In den Jahren 1923 bis 1929 steht das Leben Milena Jesenskás im Zeichen ihrer zunehmenden Profilierung und ihrem Erfolg als Journalistin und Übersetzerin. Die Anfänge ihrer Zeitungsarbeit fallen zusammen mit ihrer ausweglosen Beziehung zu Franz Kafka. Die Übersetzungen aus seinem Werk bilden übrigens nur einen Bruchteil der gesamten Übersetzertätigkeit Jesenskás in dieser Zeit, wie es auch aus den Briefen in diesem Kapitel hervorgeht. Die erhaltenen Briefe an die Redaktionsmitglieder von »Národní listy« Karel Scheinpflug und Karel Hoch zeigen das Engagement, die Begeisterungsfähigkeit, aber auch die Zielstrebigkeit und den nüchternen Verstand der Schreiberin, für die ihr Beruf immer wichtiger wird, wie sie schreibt. Der Brief über die Reform von Národní listy, in seinem Eifer etwas an den Brief über die neue Schule an Albína Honzáková erinnernd, zeigt ein erhebliches Maß an Selbstbewußtsein der jungen Journalistin und ihre gute Orientierung in der modernen Zeitungswelt. Es sind »geschäftliche« und gleichermaßen persönliche Briefe, die Milena Jesenská an Karel Scheinpflug und Karel Hoch richtet. Diese Mischung zwischen dem Privaten und dem Professionellen, dem Emotionalen und dem Sachlichen bleibt ein hervorstechendes Merkmal ihrer gesamten Korrespondenz. Diesen Charakter tragen auch die Briefe an die Textildesignerin Slávka Vondráčková, Mitarbeiterin der Frauenseite von Národní listy. Sie dokumentieren allerdings auch die notorischen Geldprobleme Milenas.

Im Brief an den Dichter und späteren Nobelpreisträger Jaroslav Seifert aus dem Jahre 1927 deutet sich der erste Knick in der bisher glänzenden journalistischen Karriere Jesenskás an – die Auseinandersetzung mit dem Herausgeber der Illustrierten Pestrý týden. Jesenská ist ihm zu links, weshalb sie aus der Redaktion ausscheiden muß. Neben der Vernachlässigung der Frauenseite nach der Geburt der Tochter Honza ist es nicht zuletzt ihre linke Gesinnung, die ein Jahr später auch zum Bruch mit der konservativen Národní listy führt. Aus den gleichen Gründen gestaltete sich für sie selbst die Zusammenarbeit mit der Zeitung zunehmend schwieriger und unbefriedigender. Der Brief an Ladislav Tůma weist somit auf das vorläufige Ende einer journalistischen Karriere.

Die Auszüge aus den Briefen an den Karikaturisten Adolf Hoffmeister und der Brief an Staša Jílovská dokumentieren die private Seite von Jesenskás Leben in dieser Zeit: die schmerzhafte Scheidung von Ernst Polak, das kurze Glück der großen Liebe zu Jaromír Krejcar, die Geburt des Kindes und die darauffolgende Katastrophe der Erkrankung, die Milena fast das Leben kostet und sie hinkend ins Leben zurückkehren läßt. In der Zeit, in der Jesenskás Glück mit der Schwangerschaft den Höhepunkt erreicht, erlebt ihre beste Freundin Staša Jílovská eine schwere Ehekrise, ausgelöst durch ihre Beziehung zu Adolf Hoffmeister. Unter großem Beistand Milenas trennt sich Staša Jílovská letztlich von ihrem Mann und wendet sich Adolf Hoffmeister zu. Vor diesem Hintergrund sind die Auszüge aus den Briefen Jesenskás an Adolf Hoffmeister zu verstehen. In dem Brief an das Kindermädchen Marie Kvasničková präsentiert sich Milena Jesenská, selbst krank, in ihrer Fähigkeit, andere Menschen zu trösten und an deren Leiden mitfühlend teilzunehmen.

Briefe an
Karel Scheinpflug

Lieber Herr Scheinpflug,

[...] ich werde Ihnen darüber einiges für das Blatt schreiben, keine Angst, keine Reiseberichte. Eher darüber, wie untalentiert ein Volk ist, das zum Eis warme Schokoladensoße serviert. Die Deutschen sind einfach unbeschreiblich widerliche Menschen, trotz allem, auch wenn man nicht weiß, was man ihnen eigentlich vorwerfen kann, höchstens eine Reihe von Korrektheiten. Die Ordnung hier ruiniert gänzlich die Nerven. Aber etwas Wunderschönes, Wunderschönes: in einer versteckten Münchner Buchhandlung fand ich Stevenson im Original, einige Bände. Darunter ist ein wunderschöner Roman. Sobald ich mit Frank fertig werde, beginne ich damit. Sie nehmen es gerne, nicht wahr?

Es grüßt Sie schön

Milena Jesenská

5.1.1923

Lieber Herr Redakteur,

ich danke Ihnen herzlich für Ihren freundlichen Brief, der mir eine große Freude bereitet hat. Mein Mann ist schon fast

Karel Scheinpflug in den 20er Jahren

gesund, er kann zwar nicht rennen, läuft nur ganz langsam, aber das Bein haben wir gerettet, und das ist die Hauptsache. Alle Nervenschocks, die damit zusammenhängen, werden wir schon auch irgendwie überstehen.

Mit der »Räuberbande« ist es eine schwierige Sache. *Etwa ein Drittel ist fertig,* und jetzt kam dazu die Realisierung meiner Moderubrik, von der Sie sicherlich wissen und die viel Arbeit macht. Sobald ich sie etwas in Ordnung gebracht habe, in die Welt wird sie schon ein bißchen auf den eigenen Füßen laufen, kehre *ich zu der Übersetzung zurück.* Aber es wird nicht so schnell gehen, es ist eine schwierige, aber wirklich sehr schwierige Sache. Manchmal kämpfe ich den ganzen Nachmittag mit einer Seite. Dr. Hoch erzählte mir, daß Sie mit Frank persönlich verhandelten. Ist das nicht ein schreckliches Gesicht? Ein wirklich wunderbar proletarisch durchgearbeitetes Gesicht, verschnitten mit einem Žižkover Dandy*. Es ist mir immer bange, wenn ich mit ihm spreche.

Für unseren verlorenen Kriminalroman habe ich einen ausgezeichneten Ersatz: *Master of Ballantrae von R. L. Stevenson.* Das ist eine so wunderschöne, wunderschöne Sache, das brauchen Sie nicht zu lesen und sagen doch ja. Übersetzt ist es nicht, das wird Dr. Hoch für mich schon erforschen. Wollen Sie es? *Aber wir sollten schon jetzt im Blatt anzeigen, daß es herauskommt, damit es uns niemand klaut.* Ich würde das vielleicht vor den »Räubern« machen. Die haben wir, damit muß man nicht eilen. Übrigens *bis Juni haben Sie beides.* Wollen Sie? Es ist ein Roman über den Haß zweier Brüder, die beide am gleichen Tag sterben. Ungeheuerlich spannend und dabei so fein, schön, klar, rein und so wunderbar echt. Ich frage nicht

---

* Žižkov ist ein Arbeiterviertel in Prag. Der Dandy aus diesem Milieu zeichnete sich durch eine Art geckenhafter Eleganz aus.

einmal, ob Sie ja sagen, so bin ich überzeugt davon –, daß ich schon zwei Kapitel übersetzt habe.

Das Feuilleton schicke ich Ihnen gleich. Wenn Sie mir gelegentlich schreiben würden, was Sie zu den Entrefilets sagen, würde ich mich freuen. Ich bin damit sehr unzufrieden.

Ich komme etwa in einer Woche nach Prag, um die Redaktion und vor allem die Druckerei auf den Kopf zu stellen. Ich erlaube mir, Sie zu besuchen und die Antwort abzuholen.

Ich wünsche Ihnen auch viele gute Dinge. Ihr Buch über Italien habe ich noch nicht gelesen, aber ich las ein Zitat daraus, daß der Mensch sich »vor einem Bild klar macht, daß er ab morgen ganz anders leben wird«, und ich habe Sie für diesen Satz so gerne, ich kann es Ihnen gar nicht sagen. Kennen Sie das, wenn jemand irgendwo etwas sagt, was Ihnen aber so nahe ist, daß es fast weh tut? So war es.

Ich grüße Sie von Herzen und freue mich, Sie bald zu sehen

Ihre Milena Jesenská

4. III. 23

Lieber Herr Scheinpflug,

ich bedanke mich für Ihren verspäteten Brief – ich mußte lachen, als ich ihn bekam, Sie übertreiben es mit meinem Ruhm, wenn Sie denken, es reicht, »Wien« zu schreiben, und die Post findet dort eine kleine tschechische Journalistin, versteckt im dritten Stock, in einem Zimmer mit den Fenstern auf eine widerliche Straße –

Ich suchte Sie in Prag einige Male auf, aber ich habe Sie nie in der Redaktion erreicht, und weil der Vater krank war und mein Mann nicht gesund ist und mein ganzer Plan mit der »Mode« nicht aufging, war ich so deprimiert, daß ich im ersten möglichen Augenblick wegfuhr, eigentlich sehr im Streit mit Prag.

Dr. Hoch wünschte sich, daß ich alle Manuskripte zu seinen Händen schicke, sehr wahrscheinlich deshalb, weil ich immer einzelne Pakete schicke, Bilder, Mode, Briefe, Bestellungen, Übersetzungen, und man alles auf einmal schicken kann.

Ich habe ihm unlängst zwei Kapitel des »Master of Ballantrae« geschickt, ich hoffe, Sie haben sie? Wenn nicht, bitten Sie ihn doch darum. Bis Ende Mai werde ich sicher mit dem Manuskript fertig sein – hoffentlich wird es uns niemand wegnehmen. Den Frank vernachlässige ich allerdings nicht, Sie können es *gleich danach* drucken und die Übersetzung macht mir technisch *keinerlei* Schwierigkeiten (viel geringere als Stevenson, mit dem ich auf Leben und Tod kämpfe). Aber wenn Sie schon einmal etwas übersetzt haben, wissen Sie, was für einen Unterschied es macht – einen Roman zu lesen oder zu übersetzen. Manchmal kenne ich die Sache vollkommen, und bei der Übersetzung finde ich entweder widerliche oder quälende oder lügenhafte oder grobe Neuigkeiten, daß es schmerzt. Und so ist es mit Frank – dieses proletarische Gesicht mit der modernen Krawatte und die Seele des kleinen Schlossers, mit einem Schlagstock geschlagen, es quält mich zu sehr. Manchmal möchte ich die Menschen schlagen und hauen für ihr »Minderwertigkeitsgefühl«, damit sie es nicht so sehr verhätschelten und es zur Achse des Lebens machten, ich bedauere alle die Erniedrigten und Beleidigten nur wenig – jetzt ist es Mode, so zu sein. In Frank ist sehr viel von diesem Schmerz, und hinter jedem Satz steht kompromittierend sein Gesicht – und die um jeden Preis gestreifte Krawatte. Und oft muß ich von der Arbeit aufstehen und sie für den ganzen Tag unterbrechen, bevor ich wieder anfangen kann –

Aber trotzdem bin ich wenigstens bei der Hälfte und Stevenson, mein teurer alter Herr, der alle unseren modernen

Ängste kannte und sie so selbstverständlich *umzuwerten* vermochte, er schämte sich eher dafür, statt sie für Verdienste zu halten – der hilft mir sehr. Zur Frische.

Ich grüße Sie innig

Milena Jesenská

8. III. 24
Wien VII, Lerchenfelderstraße 113/3

Lieber Herr Doktor,

ich bedanke mich für Ihre freundliche Antwort und bitte Sie um die Zusendung des Manuskriptes »Der Ritter von Ballantrae«. Das korrigierte Manuskript bringe ich Ihnen etwa in 14 Tagen persönlich nach Prag. Seien Sie so freundlich und schicken Sie es per Einschreiben, damit es nicht verloren geht. »Die Räuberbande« (wir übersetzen es aber: »Raubíri«, »Loupezníci« ist doch etwas anderes) bekommen Sie am 1. September. Ich will Ihnen nichts versprechen, was ich nicht halten kann (»das Wort macht den Mann!«), und das also halte ich mit Sicherheit ein. Noch dazu: wir haben die Option nicht schon seit drei Jahren, es werden im Herbst *zwei Jahre*. Es ist also bis zum 1. September Zeit genug. Frank wäre für den Sommer auch zu schade. Ich schreibe Ihnen dazu wieder eine schöne Studie. Ich bitte Sie, sich auf diesen Termin ganz zu verlassen (und das Manuskript bekommen Sie natürlich vollständig auf einmal).

Mit herzlichem und freundlichem Gruß und Dank

Milena

Lieber Herr Scheinpflug,

Sie kennen sicher das Fieber, das einen befällt, wenn man einen guten Plan hat und gleichzeitig Angst, daß er nicht gelingt? Also: ich schreibe im absoluten Fieber. Ich bitte Sie nur: antworten Sie gleich, quälen Sie mich nicht.

Schon in Prag habe ich Ihnen Stevensons Novelle »Markheim« angeboten. Heute habe ich sie aufgemacht und stellen Sie sich vor: es ist eine Erzählung, die am Heiligen Abend spielt. Leider sind es 28 Seiten, aber sehr lose gedruckt. Sie ist unbeschreiblich schön. Ungeheuerlich spannend: Markheim ermordet einen Lumpenhändler und stellt sich. Nicht mehr, nur dieser ganz phantastische psychologische Vorgang, *ein richtiger Raskolnikoff*. Kleingedruckt würde sie sicher in die Weihnachtsnummer ganz hineinpasen, und das wäre doch besser als gutmütige Weihnachtsstories und ein vollkommener literarischer Triumph! Wir hätten die schönste Weihnachtsbeilage in Prag.

Ich warte wie auf glühenden Kohlen. Sagen Sie ja, ist sie im Handumdrehen auf Ihrem Tisch; zwei Nächte reichen dafür. Lieber, goldiger, einziger, geliebter, teurer, gütiger, unbeschreiblich gütiger Herr Scheinpflug! *Bitte*, tun Sie mir den Gefallen! Es muß doch nicht immer so sein – 4 kleine Geschichten. Es wird ein *Schlager* sein, wenn wir diese eine haben! Sie würde ganz auf die *zwei* Seiten des Blattes passen! Ich bitte Sie!

Ihre Milena

Bitteschön: Die Antwort in jedem Fall!

Ich habe eine solche Angst, daß Sie es ablehnen! Muß immer Herr Herrmann* und ähnliches in unserem Blatt stehen!

---

* Ignát Herrmann (1854–1935), tschechischer Romancier, Feuilletonist, Autor von Kurzgeschichten aus dem Prager Milieu kleiner Leute, war jahrelanger Mitarbeiter von Národní listy.

Können wir nicht einmal etwas Ungewöhnliches und Unerwartetes bringen?

Wo steht geschrieben, daß die Weihnachtsnummer aus ein paar Kurzgeschichten zu bestehen hat? Ist nicht besser nur eine so wunderbare?

Bitte, sagen Sie ja, bitte.

Ihre Milena

[Buchholz bei Dresden, Sommer 1925]*

Lieber Herr Redakteur,

leider habe ich die Adresse der Dame nicht, aber vielleicht können Sie im Briefkasten unter dem gleichen Namen veröffentlichen, wie es Ihnen beliebt, natürlich hätte ich es gerne selbst geschrieben, aber durch das Hin- und Herschicken würde es sich verzögern, und so wird es wohl am besten sein, wenn Sie es schreiben. Ich möchte Sie nur darauf aufmerksam machen, daß – soweit ich mich erinnere – ihr Brief so süßlich war, und eigentlich so widerlich, daß ich nicht weiß, ob der Kontakt mit ihr angenehm sein wird.

Ich schicke Ihnen ein Feuilleton über L. Frank und bitte Sie, es freundlicherweise zu lesen und entweder wegzuwerfen, wenn es Ihnen als ungeeignet für NL** erscheint, oder meiner Position in NL abträglich, oder es zu veröffentlichen, so wie es ist. Ich kann nicht beurteilen, ob der Teil über den Sozialismus in unsere Zeitung hineinpaßt, und ich möchte einerseits meine Situation nicht verschlechtern, andererseits aber auch nicht

* Jesenskás Feuilleton über Leonhard Frank ist in Národní listy am 29. 8. 1925 erschienen, woraus sich die Datierung des Briefes ableiten läßt.
** Národní listy.

gerne etwas von dem zurücknehmen, was ich geschrieben habe; es beginnt für mich die wichtigste Sache in der Welt zu werden. Und so bitte ich Sie sehr um die Beurteilung und darum, mit meinem Feuilleton so zu verfahren, wie Sie es für gut befinden und etwas »väterlich«, so wie Sie sich mir gegenüber schon verhalten.

Ich hoffe, es stört nicht, daß ich beidseitig schreibe. Ich wollte es noch abschreiben, aber es blieb mir keine Zeit dazu – und dann ist es furchtbar heiß, und ich vertrage die Hitze so schlecht, daß ich kaum arbeiten kann.

Herzliche Grüße

Milena Jesenská

P. S. Ich bitte Sie, Herr Redakteur, den Titel des Romans von »Raubíři« in »Rota« zu verändern. Oder eventuell: »Loupežnická rota«. Für die Übersetzungen der Gedichte bedanke ich mich, Gedichte kann ich nicht übersetzen.

P. S. Noch etwas: wenn jemand auf das Feuilleton in irgendeinem Blatt gegen mich reagieren würde, wäre ich Ihnen unendlich dankbar, wenn Sie es mir schickten.

Karel Hoch 1944

Briefe an
Karel Hoch

5.3.24
Wien VII, Lerchenfelderstraße 113/5

Lieber Herr Doktor.

Zu allererst: *Die Sendung ist wahrscheinlich verloren gegan-*
gen. Seit zehn Tagen habe ich keine Post von der Redaktion be-
kommen, kann also den »Briefkasten« nicht erledigen, und die
Enquete ist diesmal so schwach, daß ich nicht weiß, was ich da-
mit anfangen soll, es war höchstwahrscheinlich ein zu schweres
Thema. Ich habe gewartet, daß noch etwas kommt, **aber es**
kam nichts. *Sie sollten die Post lieber öfters (2 x in der Woche)*
schicken und als Brief, so hat es bisher immer geklappt. Deshalb habe ich wohl noch keine Antwort auf meinen Brief
erhalten, und deswegen habe ich Sie abgemahnt, weil es mir
seltsam vorkam, daß Sie mir mit keinem Wort geantwortet
haben; natürlich wollte ich nicht sofort einen fertigen Vertrag.
Aber als kein Wort kam, wurde es mir bange. Übrigens, ich
würde lügen, behauptete ich, daß meine Entscheidung nur von
Ihrer Antwort abhinge, es wäre dann keine Entscheidung. Fast
alles ist schon klar, und ich rechne damit, Wien in einem Monat
zu verlassen. Wann ich nach Prag komme, weiß ich noch nicht
genau. Eines weiß ich aber sicher: die Scheidung ist eine solche
Quälerei und eine solche Pein, daß ich langsam begreife, daß es
ein Grund sein könnte, sich nie zu trennen. Abgesehen von
allem anderen (es ist, als würde man einem das Fleisch mit dem
Messer herausschneiden) erlebe ich manchmal Augenblicke, in
denen ich denke, ich müßte auf der Stelle sterben aus einer

ganz uferlosen *Angst* vor dem Leben. Hier war mir schon alles bekannt und irgendwie auch vertraut, und ein gewisser Halt lag in allem, ein Punkt in der Welt, mit dem man rechnen konnte – das Meer des Unbekannten erschreckt mich dermaßen, daß ich manchmal kaum atmen kann. Es ist ganz schrecklich, wie alleine man in der Welt ist. Ich trete meine Wohnung ab und verkaufe meine Möbel – mein Mann hat hohe Schulden, und die will ich bezahlt haben, bevor ich weggehe – ich werde also in einem Monat hier mit einem Koffer mit ein paar Klamotten darin auf der Straße stehen – nach Jahren einer so verzweifelten Mühsal und einer solchen Anspannung.

Manchmal habe ich das Gefühl, es nicht mehr zu ertragen – nicht nur die Trauer, sondern daß ich die Anspannung nicht mehr ertrage, die notwendig ist, um den Zug zu besteigen oder auch, um morgens aufzustehen und sich fertig zu machen. Nie hätte ich gedacht, daß man so viel aushalten kann, nur will ich *nichts* mehr ertragen müssen und will den Schmerz nicht mehr spüren und weiß überhaupt nicht, wie ich es einrichten soll, daß es endlich aufhört, weh zu tun.

Aber nun sachlich: ich wünschte mir folgendes: vorerst die Unabhängigkeit des Ortes; der Redaktion ist es sicher gleich, ob ich in Wien lebe oder in Paris. Aber ich weiß überhaupt *nicht, wo* ich leben werde. Ich weiß nur, daß ich *weder* in *Prag* noch in *Wien* oder *Berlin leben werde,* sondern entweder in Paris, London, Rom oder Moskau – das alles ist wohl eine Phantasie. Das einzige, was mich hält, was mich noch halten kann, ist, die Welt kennenzulernen. Und weil mit diesem Kennenlernen der Welt auch meine Arbeit zusammenhängt, wird die Redaktion dabei sicher nicht zu kurz kommen. Ich stelle mir vor, im Sommer in den Alpen zu leben, und zwar so bescheiden, daß ich im September, Oktober nach Sizilien, Palermo usw. fahren kann; und im Winter dann nach Paris. Dort bleibe ich für ein Jahr. *Ich weiß aber überhaupt nichts* und biete Ihnen folgendes: ich verpflichte mich, die Moderubrik zu führen und für sie zu schreiben so wie bisher, das heißt am Donnerstag und Sonntag, sowie die Enqueten, den »Briefkasten« usw. und alles, was damit zusammenhängt, zu betreuen. Außerdem einen Artikel in der Woche, entweder ein Feuilleton oder ein Entrefilet. *Also regelmäßig drei Artikel pro Woche und eine Übersetzung im Monat für die Beilage.* Außerdem verspreche ich Ihnen, es so einzurichten, daß Sie alle drei Artikel regelmäßig *jede Woche am Montag bekommen.* Nach Prag werde ich so wie bisher kommen, also alle zwei bis drei Monate. Mehr möchte ich nicht versprechen, aber ich verspreche fest, dieses zu halten. Ich würde Sie bitten, mir den neuen Vertrag erst *ab 1. Juni auszustellen,* weil ich bis dahin sicher in Ordnung bin und ihn einhalten können werde. Dafür bitte ich Sie um 3000,– Kčs monatlich, weil ich damit rechnen muß, mich selber zu ernähren, und mit weniger Geld ist das wahrscheinlich nicht möglich. Es ist nicht nötig, mir darauf zu antworten, wir erledigen es, wenn ich nach Prag komme. Nur *bitte ich* Sie, dies vorzubereiten, ich würde in Prag gerne alles in Ordnung bringen, damit ich dann irgendwohin aufs Land fahren kann, schwimmen, Tennis spielen und arbeiten. Ich grüße Sie und danke Ihnen *viel* und *vielmals.*

Milena

20. 3. 24
Wien VII, Lerchenfelderstr. 113/5

Lieber Herr Doktor,

heute komme ich zu Ihnen mit einer ernsthaften Bitte. Und weil ich mir angewöhnt habe, Ihnen alles offen zu sagen, will ich Ihnen wenigstens flüchtig berichten, was mit mir los ist; ich bitte Sie nur, nirgends und niemandem etwas davon zu erzählen. Vorerst sind es alles noch ganz unfertige Dinge, sie bloß auszusprechen erschreckt mich schon, und ich weiß selber nicht, wie es ausgehen wird; vielleicht ist das alles nur ein vergeblicher Schrei.

Also: ich würde gerne von meinem Mann weggehen. Ich bin irgendwie unendlich müde von diesem Leben, ich glaube nicht, daß er sich ändert, und ich würde vielleicht heute gar nicht mehr hier leben wollen, selbst wenn er sich änderte. Schon seit Jahren widerfahren mir schmerzhafte Dinge, und auch wenn ich weiß, daß niemand etwas dafür kann, auch wenn ich dadurch unheimlich viel gelernt habe und ein reifer und fester Mensch geworden bin, kann ich einfach so nicht mehr weiter. Aber eine Scheidung (jede Scheidung) ist eine schreckliche Sache, ja eine Quälerei, und ich weiß nicht, ob ich es aushalte. Mein Mann ist auch furchtbar einsam, ohne Geld, hat Schulden und ist ganz gepeinigt, weil er die andere Frau nicht bekam. Es ist sehr schlimm, ihm nicht helfen zu können, wenn man acht Jahre nur darauf ausgerichtet war zu helfen. Ich würde gerne meine ganze Wohnung verkaufen, die Möbel und alles, und mit dem Abtretungsgeld für die Wohnung die Schulden meines Mannes bezahlen, um ihn nicht in einer solchen Situation zurückzulassen und wegzugehen. Ich wiederhole, das alles sind Pläne, es tut alles furchtbar weh, aber etwas in mir strebt so geradewegs nach vorne, ich kann einfach nicht mehr, ich schäme mich dafür, aber ich kann eben nicht. Schon ist wieder ein Mädchen da, das von ihm ein Kind erwartet, und das gab mir irgendwie den Rest.

Aber jetzt also zu der Bitte: ich muß damit rechnen, nur auf mich selbst gestellt zu sein. Die Hilfe meines Mannes gab es nie, aber die Hilfe des Vaters. Der Vater wünscht sich, daß ich nach Prag ziehe, er wünscht sich das schon seit Jahren, er stellt sich vor, wir würden zusammenleben, ich würde ihm den

Haushalt führen usw. (Daß ich meinen Mann verlassen will, weiß er natürlich noch nicht, und er darf es auch nicht erfahren, solange es nicht beschlossene Sache ist.) Aber nach Prag will ich nicht und kann ich nicht, und mit meinem Vater leben kann ich auch nicht. Meine ganze Ehe war die Flucht vor dem Vater; ich liebe meinen Vater sehr, aber neben ihm leben kann ich nicht, er unterdrückt jeden Menschen neben sich, das ist eine lange Geschichte, und es lohnt sich nicht, darüber zu schreiben. Aber wenn mein Vater erfährt, daß ich meinen Mann verlasse und in die Welt gehe (ich will nach Paris), beginnt ein neuer Kampf. Und der Vater erzwingt immer etwas, indem er mir kein Geld mehr gibt. Er hat mir schon mehrmals einfach die Unterstützung verweigert, das Haus verboten und für immer mit mir gebrochen. Bitten kann ich nicht, und so geht es immer so aus, daß ich warte, bis er sich selbst meldet. Aber weil ich mein Leben *von Grund auf* verändern und mich von allen Abhängigkeiten befreien will, möchte ich vor allem finanziell unabhängig werden. Ich möchte Sie also fragen, ob ich von NL *3000 Kčs* haben könnte, Mařka F.* bekommt von Lidové noviny *2500* Kčs.

Aber das ist alles nicht so wichtig. Denken Sie bitte nicht, ich wollte mit Ihnen verhandeln. Niemand verhielt sich mir gegenüber so nobel wie Sie, und Sie werden auch nicht erleben, daß ich mich Ihnen gegenüber anders benehme. Die Sache verhält sich so, wie ich es Ihnen schildere. Zu einer anderen Zeitung werde ich auf keinen Fall gehen, selbst wenn Sie mir nicht mehr Geld geben würden. Wenn Sie es nicht einrichten können, schreiben Sie es mir, bitte. Ich wäre glücklich, wenn es ginge. Denn dann könnte ich mich doch alleine von meiner Arbeit ernähren, ich könnte dort leben, wo ich wollte und

---

* Marie Fantová, bekannte tschechische Journalistin, leitete in der Zeitung Lidové noviny die Frauenseite. Später betreute Milena Jesenská für kurze Zeit die Rubrik »Baby«.

wäre selbständig. Vielleicht bin ich Národní listy 3000 Kčs im Monat wert. Aber das müssen Sie besser wissen als ich, und was Sie entscheiden, wird sicherlich wahr sein. Sonst möchte ich Ihnen nur noch sagen, daß ich in der ersten Zeit wohl viel durch die Welt reisen werde. Ich würde meine Arbeit in Prag immer einen Monat im voraus machen und wäre dann in Paris, Moskau, London usw. Zuerst in Paris einige Monate. Sicher würde es mir helfen, mehr zu arbeiten, auch feuilletonistisch. Sie müssen sich vorstellen, daß mancher das Leben, das ich letztes Jahr geführt habe, nicht ausgehalten hätte, Sie wissen ja nicht, was ich alles erlebt habe. Wenn ich im Ausland sein werde (wenn! wenn!), in einer neuen Stadt und in einem neuen Leben, werde ich *sicherlich* mehr zustande bringen als bisher.

Herr Doktor, ich schreibe Ihnen so leicht, als wenn es nichts wäre, nur aus Angst, Sie könnten denken, ich wollte etwas erzwingen. Aber vielleicht spüren Sie, *wie wichtig es mir ist, was alles davon abhängt und wie es überhaupt ist?*

Antworten Sie mir, bitte. Aber schreiben Sie mir nichts, was nicht auch jeder lesen könnte.

Milena

[Wien 1924]

Lieber Herr Doktor.

In Ihrer Karte steht kein Wort darüber, ob Sie es mir mit dem Abschreiben jener Dummheit glauben oder nicht, und das tut mir weh. Ich habe es wirklich nicht abgeschrieben, *das hätte ich doch gesagt.*

Die Sachen, die Sie mir geschickt haben, erledige ich.

Bitte, schicken Sie U. Mansfeldová Honorar für 4 (vier) Bilder für den Monat September. Sehr wahrscheinlich fahre ich im

September für drei Wochen weg und möchte, daß sie Ihnen die Artikel vorher schickt. (Sie will es anders überwiesen haben, sie wird es Ihnen schreiben. Bitte, kommen Sie ihr entgegen. Sie will es natürlich in Kčs ausgezahlt bekommen.) *Ich bestelle auch etwas bei* Suchardová. Ende September komme ich nach Prag und bleibe so lange, bis ich auch andere Zeichnerinnen gefunden habe. Auch über die »Reform« von Národní listy *(ist es wahr, was in den österreichischen Zeitungen stand, daß Kramář von der Leitung von L. zurücktrat?)* sprechen wir. Ich schicke Ihnen so schnell wie möglich ein Feuilleton über den modernen Journalismus. Aber Sie wollten auch meine private, bescheidene Meinung wissen, was *Národní listy* brauchen würde. Ich weiß nicht, wie ich es sagen soll, aber die Hauptsache, die man verändern müßte, wenn es eine gute Zeitung sein sollte, wäre der innere Ton, der überall zu finden ist, in jeder Notiz. Alles an dem Blatt ist *pathetisch*, so *würdig* (das Wörtchen Würde) wie die aufgeblähte Brust eines bürokratischen Würdenträgers. Jedes Wörtchen scheint von einem Schulinspektor zu stammen. Wie soll ich es Ihnen sagen? Es ist kein Leben darin, es geschieht nichts in ihr. Sie ist *tödlich langweilig*, aber noch schlimmer als das, sie ist *tot*. Alles Lebendige wird darin geschildert, als sei es tot. Národní listy ist eine ewige Pedantin, Lehrerin, Mentorin. Sie führt kein lebendes Wasser lebendiger Interessen. *Sie hat keinen* beweglichen Geist. Sie hätten nie erlauben dürfen, daß Fischer[*] die Zeitung verließ. Entschuldigen Sie, vielleicht braucht Národní listy ein paar Juden, das ist halb Spaß, halb Wahrheit. Juden haben einen ungeheuer *lebendigen* Sinn für Zeitungen. Fischer ist ein Beweis dafür, und was ich der Zeitung Gutes gebracht habe, ist auch von Juden. Sie brauchen neue Leute. Korrespondenten.

---

[*] Otokar Fischer (1883–1938), tschechischer Dichter, Literaturhistoriker und Übersetzer, wechselte nach seinem Ausscheiden aus der Redaktion von NL zu der Zeitung Lidové noviny.

(Warum haben Sie Zdenka nicht angeschrieben?) Sie brauchen mehr Leben und weniger Politik. *Kontakt mit den Menschen. Neue Erfindungen und Einfälle.* Zum Beispiel eine Rubrik, in der man gute Bücher empfiehlt. Nicht nach des Buchhändlers Geschmack – aber in einer Auswahl: einmal für Kinder, einmal für Frauen, dann für die Bahnfahrt usw. Aber immer *gute Bücher.* Sie brauchen ein *Entrefilet,* das ist die wichtigste Errungenschaft der neuen Zeitungen: kurze, unterhaltsame Sachen. Sie brauchen Beilagen, Photographien, **Bilder**, Zeichnungen, Witze, Anekdoten, Übersetzungen, Ratschläge. Sie brauchen viele Leute. Es geht nicht, daß zehn Menschen, seien sie auch noch so ausgezeichnet, zehn Jahre lang eine Zeitung machen. Sie brauchen etwas für die Kinder. Vielleicht einmal im Monat, am Ersten, eine Seite. Einfach **Leben**. Aber das alles kostet Geld. Und ist vom Geld abhängig. Wenn ich nach Prag komme, können wir uns darüber unterhalten. Sie wissen, mit welchem Engagement ich mit der Beilage anfing. Und noch heute tut es mir leid, daß meine ganze Arbeit *weit* von dem entfernt ist, was sie sein könnte, wäre mir die Zeitung ans Herz gewachsen. *Jedesmal* ärgere ich mich über etwas. Um uns herum ist alles in Bewegung, entwickelt und verändert sich, und wir sind wie abgestandenes Wasser. Voll pathetischer Würde. Aber die Menschen wollen über alles Mögliche lesen. Sie wollen eine Zeitung als einen Freund. Sie wollen fragen, lachen, beraten werden, sie wollen Rätsel und Preise für ihre Lösung. Sie sehen, welches Echo die kleine Rubrik schon findet, und solche müßte es mehrere geben. »Unterhaltung« gibt es, und »Mode« gibt es, gut, das ist unterhaltsam. Aber »Mode« und »Plaudereien« erscheint bereits *regelmäßig,* und wieder wird es jahrelang nichts anderes geben als »Mode« und »Plaudereien«. Warum gibt es nicht *immer* wieder *etwas Neues,* zwanzig Menschen aus allen Ecken der Welt über alles Mögliche? Die Regelmäßigkeit der Unterhaltung ist etwas Schreckliches. *Überraschen* sollte man mit einem witzigen Artikel, vielleicht über den Markt, und einigen Zeichnungen dazu. Nicht am Sonntag, einfach *unerwartet*. Ein anderesmal ein paar witzige und ein paar geistreiche Fragen und ein Preisausschreiben für die *dümmste* und die *klügste Antwort*. Wieder unerwartet. Beim dritten Mal eine Nummer über die tschechischen Bäder. Und dann wieder ein schöner Artikel darüber, wie es früher in Prag ausgesehen hat. (Herrmanns Zeichnungen!!!) Und dazwischen eine Menge *Kleinigkeiten*, kleine Artikel in Spalten. Wie soll ich es sagen? Wenn ich mir am Sonntag meine »Mode« und »Plaudereien« anschaue, wird mir fast schlecht. Die Art, *wie* man in Národní listy die Unterhaltung präsentiert, auch die Art und Weise, ist langweilig, *ohne Überraschungen*, Staunen. Neue Zeitungen haben keine genaue Form, keine *so* feste Form. Sie müssen jeden Tag etwas entdecken. Zeigen, sagen. Und das, was sie als Aufgabe haben, müssen sie *sachlich, ehrlich* und *einfach* sagen, nicht von »oben herab«. Wissen Sie, was ich meine? Nicht als würde die ganze Welt daran hängen. Irgendwie großstädtischer. Nicht immer so schulmeisterlich, bis es schlimmer nicht mehr geht. Schauen Sie: ich liebte, achtete und schätzte Rašín* wie eine Persönlichkeit.

Aber Národni listy war einfach *lächerlich* in seiner Zeit. Seien Sie mir nicht böse. Phrasen und Pathos sind immer *lächerlich*. Man muß eine neue Form suchen. Národní listy hat sich um den Umsturz verdient gemacht, sie leistete eine riesige Kulturarbeit, aber jetzt ist in diesem Sinne nicht mehr so viel »zu tun«. Wir haben unseren Staat, sind unsere eigenen Herren, aber Národní listy kann auf ihre »Pionierarbeit und ihre hohe Aufgabe« nicht verzichten, auch wenn diese gar nicht

---

*Alois Rašín (1867–1923), tschechischer Politiker und Finanzminister, wurde 1923 Opfer eines Attentats.

mehr nötig ist. Und hierin liegt *die Gefahr*. Heute geht es nicht mehr darum, den Staat aufzubauen. Den haben wir schon. *Aber gute Sachen im Staat aufbauen.* Diese fehlen nämlich. Národní listy muß *gewöhnlicher* werden, begreifen Sie mich. Man kann nicht jeden Tag der Erlöser sein, das geht auf die Nerven, glauben Sie mir. Man muß das gewöhnliche, tägliche Leben und seine Bedürfnisse und Beschaffenheit sehen. Wenn sie auf dem heutigen Niveau bleibt, wird sie in fünfzig Jahren (in fünf Jahren will ich sagen) unbrauchbar sein. Wir haben eine neue Generation, eine neue Welt. Wir sollten in dieser neuen Welt die Ersten werden. *Damit meine ich **natürlich nicht**, das politische Niveau zu **senken**.* Nur etwas einzuschränken!

Es grüßt Sie

Milena

Briefe an
Jaroslava Vondráčková

Prag, den 26. Oktober 1926

Teure Sláva,

schon einen halben Tag plage ich mich hier mit dem Bleistift in der Hand, und jetzt schreibe ich Ihnen doch. Es macht vielleicht einen ganz schlechten Eindruck, daß ich gleich nach Ihrem Besuch bei mir um Hilfe und Geld bitte, aber als Sie es mir anboten, habe ich überhaupt nicht daran gedacht, mich an Sie zu wenden. Sie haben es mir aber dermaßen in den Kopf gesetzt, daß ich zu dem Gedanken immer öfter zurückkehrte, und nach drei Tagen Qual kam er mir nicht mehr so verwerflich vor.[...]*

Ich bin leidenschaftlich, aber irgendwie nur für mich selbst, und ich möchte furchtbar gerne jemanden finden, der in mir die Fähigkeit zur Leidenschaft entfesselte und fähig wäre, es so anzustellen, daß ich sie einmal ertrüge – vielleicht können es die Männer nicht, vielleicht bin ich nicht tapfer genug, ich weiß es nicht, Gott, manchmal weiß ich wirklich nichts. Ich weiß immer noch nicht, was das ist, Ehrlichkeit und Treue und Pflicht, und ob es überhaupt eine Pflicht gibt. Wenn ich nach meinem Dafürhalten leben würde, und nicht danach, wie ich weiß, daß ich leben sollte, würde ich vielleicht irgendwo dort landen, was man als »unten« bezeichnet. Aber dann bin ich wieder so ein Mensch, der zwischen Pflicht und Ehrlichkeit

---

* Zwei Sätze auf Wunsch von Slávka Vondráčková ausgelassen.

Jaroslava Vondráčková um 1931

unterscheidet, obwohl ich über Konventionen lache – aber vor Ihnen weiß ich einfach nichts, bin verwirrt und verliere die Sicherheit. Das gehört freilich nicht hierher. Ich will nur sagen, warum ich nicht weiß, ob ich Sie um Hilfe bitten soll oder nicht, und ob es von mir nicht gemein ist, ständig etwas von Ihnen anzunehmen und nicht zurückzugeben, und ich bin schon ganz mürbe von diesen Überlegungen, so daß ich wieder nichts weiß. Ich brauche Geld, Slávo, etwa 6–7000 Kčs muß ich mir leihen, aber zurückgeben kann ich sie erst im Frühjahr. Wir haben Schulden, und ich schaffe es nicht allein. Das Büro und die Miete und Bauhaus und Jaromír ist hier Anfänger, und das Geld fließt nur spärlich. Mit meinen Plaudereien in den Zeitungen bin ich nicht imstande mehr zu verdienen als für den Haushalt und die notwendigste Kleidung und die Abzahlung der Einrichtung und die Gehälter für das Büro – ich brauche einfach Hilfe. Es ärgert mich furchtbar, und ich weiß weder ein noch aus, und Jaromír* kann man keine Vorwürfe machen, daß er am Anfang steht und arm ist.

Wenn ich das Geld, Slávo, jetzt bekommen könnte, und es erst im Frühjahr und Sommer zurückgeben müßte, würde alles wieder ins Lot kommen. Ich würde es, ehrlich, getreulich wieder zurückgeben. Aber natürlich, weiß Gott, ob Sie es überhaupt haben?

Slávo, ich bitte Sie, entschuldigen Sie, daß ich dies schreibe und Sie darum bitte. Wenn Sie kein Geld haben, unternehmen Sie, bitte, nichts, um es zu beschaffen. So schlimm ist es nicht, ich würde es mir bei einer Sparkasse leihen, vielleicht ginge es? Verzeihen Sie mir, bitte, und seien Sie mir nicht böse, ich kann nichts dafür, weiß keinen Rat und weiß schon jetzt nicht, ob es richtig ist, mich an Sie zu wenden.

* Jaromír Krejcar (1891–1949), bedeutender Architekt des tschechischen Funktionalismus, war Milenas zweiter Mann und der Vater ihrer einzigen Tochter.

Teure Sláva,

Du mußt mir schon wieder helfen. Weißt Du, Sie werfen mir vor, daß meine Rubrik in Národní listy nicht in Ordnung sei, und ich muß etwas tun, um sie wieder in Schuß zu bringen. Ich darf die Stelle nicht verlieren und sehe ein, daß ich mehr arbeiten muß. Ich brauche in kürzester Zeit schöne Sachen, und so mußt Du mir wieder helfen. Weißt Du, ich will eine Rubrik einführen: »Die Frau in Kunst, Arbeit und Sport« und will, daß darin Frauen aus allen Schichten, Dienstmädchen, Arbeiterinnen, Krankenschwestern, Beamtinnen, Ärztinnen, Schauspielerinnen und so weiter, zu Wort kommen. Du sollst Dich als eine der ersten äußern. (Keine Angst, die allererste wirst Du nicht sein.)

Schreibe mir einen Artikel darüber

1. wie Du zum Textildesign gekommen bist,

2. was Dir daran am besten gefällt,

3. welche Ziele Du verfolgst.

Es kann und muß ganz kurz sein, aber im Zusammenhang mit den Zielen könnte man viel Schönes über den Bedarf an billigen guten Stoffen sagen. Slávo, ich brauche es ganz dringend, Du mußt es schreiben und schnell. Dann schreibe mir drei kurze Artikel für die »Wohnkultur«, die ich auch einführe:

1. zum Thema: Gardinen,

2. zum Thema: Bezug- und Vorhangstoffe,

3. zum Thema: Teppiche.

Ich weiß, daß Du schon bis zum Überdruß darüber geschrieben hast. Schreib es noch einmal. Ich bitte Dich sehr, Sláva, ich brauche es dringend. Schreib es über das Neue Jahr und schicke es mir danach, sei so lieb! Und kennst Du, ich bitte Dich, nicht die Adresse von Minka Podhajská? Und die

Adresse der ganz manierlichen Spitzendesignerin, sie heißt Mildová, denke ich?

Ich liege immer noch, das Bein tut immer gleich weh, die Fortschritte gehen im Schneckentempo voran, meine ganze Geduld schöpfe ich nur aus den Morphiumampullen, ich komme mir vor, als sei ich auf dem Boden von etwas angelangt, das ich überhaupt nicht überblicke. Ich weiß nicht mehr, wie die Welt von der vertikalen Position aus betrachtet aussieht. Unglücklich ist nicht das richtige Wort, kaputt komme ich mir vor, und das bin ich auch. Ich wäre sehr glücklich, hätte ich den Glauben an die Gesundheit oder wenigstens Deine Tapferkeit. Von allen Menschen auf der Welt bewundere ich Dich am meisten, Sláva. Ich schaue zu Dir auf, fast in einem frommen Neid. Ich liebe Dich, wie ich Brunner liebte, weißt Du. Ich bin besser und tapferer, wenn ich an Euch denke. Aber Du hast mich nicht mehr gerne, Sláva, und es tut mir immer schrecklich weh, wenn Du mit mir wie mit einem kleinen Kind sprichst und nicht so mit mir sprechen willst wie mit den anderen. Du sagst mir nie etwas über Dich selbst und bleibst mir fremder, als Du anderen bist, obwohl ich doch trotz allem vielleicht mehr wert bin als sie.

Ich küsse Dich

Milena

P.S. Ich bitte Dich, kannst Du Deine Freundin, die Gärtnerin um eine Antwort auf die drei Fragen bitten? Daß ich sie sehr darum bitte. Weißt Du, jetzt wenn ich liege, sind diese Bitten um einen Artikel ein SOS für meinen Beruf.

Laß es Dir im neuen Jahr gut gehen. Pelnár ist über die Ferien weggefahren, aber er kommt nach Neujahr zurück und findet meinen Brief über Dich. Geh dorthin, den Brief habe ich schon geschickt, es wäre dumm, wenn er den Brief bekäme und Du nicht zu ihm gingest, weißt Du?

Teure Sláva,

Du beschämst mich, wirklich, wenn Du schreibst, ich solle Dir nicht böse sein. Nur, ich konnte es bis heute nicht auftreiben. Jetzt gerade kam ein Brief von Jaromír, daß er für Dich bei Zivnobanka 2000 Kčs hinterlegt habe. Mehr konnten wir nicht auftreiben. Du hast recht, wir haben viele reiche Bekannte, aber ich bin bei allen verschuldet, und wir treiben in schrecklicher Not das Geld für meine Behandlung auf. Es ist mir sehr peinlich, nur 2000 Kčs schicken zu können. Aber ich versuche, gleich wieder etwas zu besorgen. Dann lege ich es für Dich bei Zivnobanka zurück.

Das wichtigste ist, daß Micka* schreibt. Natürlich brauche ich kluge Artikel. Sie kann schreiben, was sie will, es muß nur irgendeinen Bezug zu Frauen haben. In Lidovky** gibt es so viele Rubriken, daß Mode, Heim, Gesellschaft darauf genau abgestimmt sind. Also alles, was – wenn auch entfernt – von diesen drei Worten abgedeckt werden kann.

Ich bitte Dich, sei so lieb und bitte sie, für mich so viel zu schreiben, wie sie überhaupt kann. Auch jede Woche einen Artikel.

Wie es mir geht – das werde ich Dir lieber nicht schreiben. Es tut furchtbar weh, wahnsinnig, zum Verzweifeln, aber ich denke, etwas hat sich bewegt. Es würde mich überhaupt nicht stören, ein steifes Bein zu haben, das wollen sie mir aber nicht erlauben und versuchen, es zu bewegen. Es wird besser so sein, und ich werde sicher froh sein, wenn es ihnen gelingt.

Wie viele neue Dinge wirst Du sehen. Ich wünsche Dir von meinem ganzen Herzen, daß Du dort wirklich wieder genest,

* Micka ist der Kosename von Marie Weatherallová (1896–1972), die in England lebte und Artikel für Milenas Moderubrik schrieb.
** Abkürzung für die Tageszeitung Lidové noviny.

Sláva, Du sollst Dich nicht ständig irgendwo herumtreiben, sondern kuren.

Entschuldige, daß ich Dir so wenig schicke. Ich schicke wieder was!

Milena

Micka soll die nächsten vierzehn Tage die Artikel hierher schicken, dann nach Prag, Spálená 33.

10. 2. 1929

Liebe Sláva,

ich bitte Dich, Du hast mir versprochen, ein paar Worte über Matousková zu schreiben. Sei so lieb und schreibe es mir, wenn Du Zeit hast. Dann wollte ich Dich um etwas bitten: SSD* schreibt einen Wettbewerb für ein Buch über das moderne Wohnen aus. Ich habe augenblicklich nicht viel zu tun hier, vielleicht würde ich es versuchen. In dem Fall, nur in dem Fall allerdings, daß Du nicht selbst an dem Wettbewerb teilnehmen willst, zweitens, nur in dem Fall, daß Du nicht jemand Näheren hast, dem Du Ratschläge geben möchtest, würde ich gerne Deinen Rat haben.

In dem Buch soll ein Kapitel über moderne Textilien enthalten sein. Ich will natürlich nicht, daß Du es für mich schreibst, ich möchte Dir nur (falls das oben Erwähnte nicht zutrifft) ein paar Fragen stellen:

1. Wie ist der Fachausdruck für einen Wandbezug aus Bast?

2. Wie ist der Fachausdruck für eine farbige Vorlage aus Bast?

3. Ist sie farbecht, kann sie naß werden, kann man sie im Badezimmer benutzen?

* Der Verband der Verbrauchergenossenschaften (Svaž Spotřebnich Druzstev).

4. Wie ist der Fachausdruck für die Telleruntersätze aus Bast?

5. Wie ist der Fachausdruck für verschiedene Vorhangstoffe?

6. Wie ist der Fachausdruck für Bezugstoffe, Gardinen?

7. Wie ist der Fachausdruck für Bodenbeläge?

Ich möchte nur eine einfache Bezeichnung in ein paar Worten. Und auch nur dann, wenn es Dich nicht ärgert.

Die Meinen sind schon ausgezogen. Wenn Du mal Zeit hast, schaue Dir, bitte, die Schränke an, für die Gardinen gemacht werden sollen. Entweder ist die Zugehfrau da, oder die Mutter hat den Schlüssel im Geschäft. Es geht um das Zimmer direkt gegenüber dem Eingang, die beiden Glasschränke, der eine ist bis zum Boden verglast, der andere nur bis zur Hälfte. Für alle diese Glasflächen brauche ich Gardinen, solche, wie Du willst, die Farbe, einfach alles. Es soll natürlich anständig aussehen und so billig wie möglich sein, so wie Du willst; um Gottes willen bringe mir keine Muster hierher. Mache es mit Faltensaum oder ohne, zusammengerafft oder nicht, so wie Du willst, welche Farben Du willst, überhaupt alles, wie Du willst. Es soll nur anständig aussehen und so billig sein, wie es überhaupt nur geht, wenn es anständig aussehen soll.

Dann brauche ich einen Bezug für das Klappbett und etwas für das Kinderzimmer, damit das Mädchen darauf sitzen könnte. Vielleicht einen kleinen geflochtenen Teppich aus Filz? Aber vor allem muß ich wissen, wieviel es kosten wird. Diese Woche habe ich Geld und könnte es Dir gleich geben. Ja?

Herzlich

Milena

Brief an
Jaroslav Seifert

[1927]

Lieber Jarko Seifert,

entschuldigen Sie, daß ich nicht pünktlich war. Das mit »Pestrý týden« war ein großer Schock für mich, und ich brauchte ein paar Tage Erholung. Ich liebte sie sehr, und man hat sie mir auf eine so häßliche Art genommen. Umso lieber werde ich für Sie arbeiten.

Ein für allemal: ich werde immer alle Artikel zurücknehmen, werde nie beleidigt sein und immer froh, wenn Sie mir das eine oder andere korrigieren. Tun Sie es bitte aufrichtig, damit ich mich richtig einlebe. Es ist eine neue Arbeit für mich, und ich muß sie lernen.

Dann: sagen Sie vorläufig niemandem, wo ich mich befinde. Auch meinen Kameraden nicht. Ich bitte Sie darum.

Aber mit Ura* kommen Sie am Samstag zu uns, ja?

Ich grüße Euch beide herzlich

Milena

(Der Brief bezieht sich auf Jesenskás Entlassung aus der Redaktion von Pestrý týden. Jaroslav Seifert bot ihr offensichtlich an, für die kommunistische Illustrierte »Reflektor«, die er damals redigierte, zu schreiben.)

---

* Die Ehefrau Jaroslav Seiferts.

Jaroslav Seifert in den 70er Jahren

Briefe an
Adolf Hoffmeister

Mein teuerer Ada,

Sonntag, 2. 9. 27.

ich sitze zum ersten Mal an meinem Schreibtisch und schreibe hier die ersten Worte: daß ich Dich sehr sehr gerne habe. Am liebsten habe ich Dich für Deine schöne herzliche Kameradschaft zu Jaromír. [...]

Und dann hast Du mir Staša zurückgegeben, Staša, die wieder ganz die meine frühere, warme, lebendige Staša mit einem lebendigen Herzen geworden ist, die aus einer Verzauberung und Unruhe in ihre alte Haut zurückgekehrt und wieder ein Mädchen und mein auf der Welt allerliebster Mensch geworden ist. [...]

Und ich bin also zum ersten Mal nach fünfzehn Jahren eines wirklich schlimmen Lebens glücklich, ich wundere mich, wie seltsam das Glück ist und ganz anders als die Vorstellungen davon. Ich bin gerettet, ruhig und voll guter Hoffnungen, wie gesäubert von Spinnenweben, kleinen Schmerzen und ganz positiv in meinen Vorsätzen; nicht mehr so jung wie Du und Staša und deswegen vielleicht glücklich – aber nun, das erste, was ich in dieser Wohnung an diesem Tisch, an dem ich mir vorgenommen habe, ehrlich zu leben, nicht zu lügen und nicht einmal die geringste Unanständigkeit zu begehen, damit ich eine aufrichtige gerade Beziehung mit meinem schönen, edlen, wunderbaren Mann führen kann – also, das erste, was ich hier sagen will, ist, daß ich Dein Kamerad bin.

Deine M.

Adolf Hoffmeister in den 20er Jahren

Milena Jesenská-Krejcarová
Praha II – Spálená 33 – Telefon 43229

[1927]

Lieber Ada,

(hab ich nicht ein schönes Briefpapier?) es tut mir sehr leid,
daß ich Dich nicht sehen kann, aber ich denke, ich richte es so
ein, daß ich für einen Tag nach Prag komme, um mich mit Dir
zu treffen. [...]
Schreibe mir, bitte, irgendeinen Artikel über die englischen
Frauen, man erzählte mir, was Du erzählt hattest, und es klang
sehr interessant. Ich wäre sehr froh, wenn Du mir so eine Spalte
schreiben würdest, das könntest Du, oder? Und schreibe mir,
Ada, einen Brief und schicke ihn über Jaromír, ich bitte Dich,
ich will etwas von Dir, über Dich hören und schreibe mir ganz
konkrete Dinge, und ob Du nicht etwas weißt, was ich für
Dich tun könnte. [...]
Ich freue mich schon sehr auf den Winter, daß wir zu viert
etwas Schönes unternehmen werden, vielleicht im Zimmer sitzen und Karten spielen oder miteinander reden. Hat man Dir
schon ausgerichtet, daß ich Dich bitte, Dich bei uns einzurichten, wenn Du anderswo als zu Hause schlafen müßtest? Es ist
jetzt ganz leer dort, und Du kannst es ganz zur Verfügung
haben. Ich küsse Dich und grüße

M.

[vor dem 21.6.1928]

[...] Ich fühle mich hier furchtbar traurig und verlassen und
überhaupt geht es mir in der letzten Zeit schlecht, schwer, ich
fühle mich bedrängt und vor einer verschlossenen Zukunft.
Ständig muß ich an die Sinnlosigkeit von allem denken und

kann und kann es nicht überwinden. Als wir hierher fuhren, warf sich ein junger Bursche vor den Zug und sein Kopf rollte in den Graben neben dem Bahndamm. Du kannst es Dir überhaupt nicht vorstellen. Er lief auf beiden Beinen, war gesund, und dann habe ich nur noch den Kopf gesehen. Es war im Wald, alles blühte und der Zug war voller Ausflügler. [...]

M.

Was zum Teufel soll ich mit Národní listy machen! Ich denke ständig, ich sollte etwas damit tun, und weiß nicht, was!

21. 6. 1928

[...] Es war sehr lieb von Dir, daß Du mir einen so langen Brief geschrieben hast. Hier in der Einsamkeit ist die Post etwas ganz Ungewöhnliches. [...] Übrigens, es ist hier nicht nur die Einsamkeit, sondern auch der Regen, es regnet und regnet, ganz graue Wälder, Vorhänge aus Wasser vom Himmel bis zur Erde und kalt. Aber Du hast recht, wenn Du mich rügst, daß mein Brief traurig war. Ich habe nicht den geringsten Grund, traurig zu sein und stattdessen ganz glücklich zu sein. Ich führe eine glücklichere Ehe, als Du es Dir vorstellen kannst, weil in Dir etwas ist, das nicht zuläßt, daß eine Ehe wirklich vollständig schön und gut sein könnte; und ein Bub ist unterwegs, aber ich habe auch einen Rest von etwas aus den früheren Jahren in mir, sehr wahrscheinlich ist es die Angst, die in jedem Augenblick bereit ist zu glauben, daß etwas sehr wahrscheinlich zu Ende gehen muß, wenn es schon so lange dauert. Manchmal denke ich, daß ich meine ganze Leichtsinnigkeit im voraus ausgeschöpft habe, und jetzt bin ich nur noch schwer und aufgeschreckt. Eigentlich bin ich immer noch ein Rekonvaleszent mit Rückfällen, und manchmal sind die Rückfälle bequemer als gesund zu sein, jeder kennt es wohl. [...]

Staša hat einfach jeder gerne, Du irrst Dich, die Frauen auch, und das spricht auch sehr für sie. Staša ist nie widerlich zu den Frauen oder neidisch, und jeder hat sie gerne und jede hat sie gerne. Ich kenne niemanden, der sie nicht gerne hätte oder sie nicht noch viel eher anerkennen und bewundern würde für ihre vollkommene, ganz aristokratische Form des Lebens und jeder Äußerung, für ihre vollkommene innere Rasse und Vornehmheit der schönsten Pferde. Staša ist sicher ein bis ins letzte geläuterter Mensch, so daß es eine große Kunst war, sie zu gewinnen. Und es ist sicher ein großer Reichtum für Dein Leben und auch ein großer Verdienst, daß Du mit Staša so umgegangen bist, daß sie einmal vielleicht wirklich Deine wird. Weißt Du, Staša war als Mädchen sehr heftig, leidenschaftlich, empfindlich und so völlig auseinander, ganz ohne diese Form – und so würde ich ihr wünschen, wie ich mir wünsche, daß ich die Form etwas mehr finde, daß sie sie etwas mehr verliert. Du hast sehr recht, daß wir ganz verschieden sind – buchstäblich, so ist es.

[5.11.1928]

Mein lieber Ada,

ich sollte Dir eine Nachricht geben, wie und was hier neu ist, aber insgesamt gibt es nichts Neues. Ich habe mich sehr über Deinen sentimentalen Brief gefreut, wir sind wirklich zwei alte, unverbesserliche Übersensibelchen, Du und ich. Gut, daß wir unserer eigenen Empfindlichkeit gegenüber wenigstens so zynisch sein können. [...]

Ich bin zu Tode traurig, wie ertrunken in schwarzem Wasser, ein Vierteljahr auf dem Rücken, ein Vierteljahr ohne Bewegung. Ich lebe nur von den Morphiumspritzen, von denen kaum jemand weiß und deren Zahl niemand kennt, und das, was ich für diese Quälerei bekam, reicht mir nicht mehr: das Kind und das Bewußtsein, daß Jaromír ohne mich nicht weiterleben würde. Für beides lohnt es sich, ohne Bewegungsmöglichkeit Monate zu liegen, aber darüber freuen kann man sich erst, wenn man wieder gesund ist. Ich bin in einem ständigen Rausch, und wenn ich zu mir komme, empfinde ich nur Angst, Schmerz und wieder Angst und eine schreckliche Ungeduld und Mißtrauen. Ich bin furchtbar alleine, ihr alle seid gesund. [...]

Ich fühle mich manchmal wie in einer Zwangsjacke. Ich möchte aufstehen und mir das Bein abschneiden.

Kinder zu haben ist wohl etwas anderes, als Du es Dir vorstellst. Ich weiß selbst nicht, was es bedeutet. Vor allem Verlust der Freiheit. Dann das ungeheuerliche Angebundensein, eine blöde Angst um ein winziges Baby, das mit der Nase auf deine Schulter schlägt, weil ihm der Kopf ständig hin und her fällt.

Du wirst Honza nicht mehr erkennen. Sie sieht aus wie ein aufgeplusterter Buddha und Hündchen Samuel gleichzeitig – Du hast ihr ein Kügelchen geschenkt, Dein Talismann, und Du hast ihn wahrscheinlich viel zu früh aus der Hand gegeben. Ich würde ihn Dir gerne zurückgeben, aber ich traue mich nicht, dem Kind einen Talisman wegzunehmen. Ich bin abergläubisch. Sie hat ein Köpfchen, das nach Quendel und trocknenden Windeln duftet. Sie ist furchtbar dumm und hat krumme Beine, und sie hat einen Vater, der sie trägt, als trüge er einen Arm voll zerbrechlichen Glases, und der ab und zu etwas sagt, woran man merkt, daß er sie schrecklich liebt, und eine Mutter, die sie nicht einmal in die Arme nehmen kann. Herrgott, ich will gesund sein, Ado, ich erschieße mich, wenn ich hinken werde, ich kann doch nicht neben den zwei gesunden Menschen, Honza und Jaromír, ein Krüppel bleiben? [...]

Ich freue mich furchtbar auf Dobřichovice*. Wirst Du Honza das Laufen beibringen? Werde ich, Ada, mit Euch so sein können, wie ich es auf beiden Beinen war? Und wird er mich weiter lieben, nachdem ich das häßliche, schwarze, geschwollene Bein, das schreckliche Bein, nicht verbergen konnte und nichts von dem Elend des Kranken? Werde ich noch einmal wieder nach Gesundheit riechen und Feuerchen auf dem Feld machen?

»Ich schreibe wie eine Frau, nicht wahr?« und küsse Dich

M.

Ich grüße Dich sehr für die Ausstellung und bin stolz auf Dich.

[Frühjahr 1929]

Mein lieber Ada,

ich danke Dir für den Brief. Mit der Freundschaft ist es anders – und wenn Du Freunde brauchst, die Dir unangenehme Dinge sagen, Du weißt, ich bin immer dazu bereit. [...] Du hast eine fixe Idee, daß man die Menschen trösten soll, aber in der Tat muß man sich für sie interessieren. Du kannst mir nichts Neues über mich sagen, ich weiß alles über mich und mehr als Du. [...]

Obwohl es sicher schlimm ist, meine ich nicht, daß Du viel Trost brauchst: Du stehst am Anfang einer sehr schönen Zeit, und es warten viele wunderbare Dinge auf Dich. Vielleicht ist es manchmal besser, sie sich vorzustellen und auf sie zu warten, als sie dann wirklich zu erleben.

Ich kann mir keine schönere Situation auf der Welt vorstel-

---

* Eine Sommerfrische in der Nähe von Prag.

len als Deine: Du bist jung, hast Erfolg, Erfolg mit einer guten Sache, was nur wenigen Menschen gelingt. Du hast eine schöne Frau, die Dich liebt und die Freiheit. Und Du hast Geld. Ich kenne niemanden, der weniger Trost braucht als Du. Ich denke, daß Staša ein Mensch ist, mit dem man überhaupt alles tun kann. Alle Sportarten, alle ernsten Dinge, alle gesellschaftlichen Dinge, alle Dummheiten und Merkwürdigkeiten und auch jegliche Arbeit. Sie ist ein universaler Mensch, ohne jegliche Einschränkung, und braucht nur eine Situation, in der sie sich entwickeln kann. Vielleicht wird sie sich emotional nie so vollkommen entwickeln, wie es möglich gewesen wäre, hätte sie diese Ehe nicht erlebt. Sie besitzt aber die Sensibilität, die dies immer abfängt und ersetzt. Sobald Du frei wirst, gibt es tausende und abertausende Dinge, die Euch zwei offenstehen. Gerade die Verbindung zwischen Dir und ihr und umgekehrt ergibt einen solchen wunderbaren Fall, wie zum Beispiel Milča und Jaroš.*

Bei ihnen ist es durch Jaroš beschwert, hier ist es erleichtert durch Deine Jugend, Lust am Leben und Humor. Ich denke, Du könntest von morgens bis abends lachen bei der Vorstellung, daß ihr Euch einen kleinen Wagen anschaffen könntet, in die Welt ausbrechen und, wo es Euch beliebt, halten. Eure Gegenwart ist noch sehr schlimm, aber wenn man weiß, was man damit eröffnet, ist es doch wunderbar. Gewöhnliche Menschen müssen sich ins Unbekannte wagen. Ihr habt es fest wie Beton. Du bist einer der wenigen Menschen, bei denen man nicht das Gefühl hat, das Leben wäre sinnlos, wenn man sie anschaut. […]

Du bist ein guter Mensch, der einen geraden Weg ins Leben hat. Der einzige Schwachpunkt besteht in Deiner Sehnsucht,

---

* Die Tänzerin und Choreographin Milča Majerová und der Architekt Jaroslav Frágner.

sehr geliebt zu werden; dies wird aber sicher durch das Bewußtsein aufgewogen, wie schön es ist, vergebliche Trauer und ungestillte Sehnsucht zu empfinden. Mir zumindest geht es so. Am meisten liebe ich jetzt die Pappelwälder, die für gesunde Füße erreichbar, aber für mich unerreichbar sind. Wenn Du mir sagst, in einem Jahr werde ich auch dorthin gehen können, sagst Du mir etwas ganz Banales, denn das weiß ich selbst. Meine Situation ist eine ganz andere als Deine: wenn ich gesund werde und die Krankheit vergesse, gewinne ich nichts, ich gewinne nach einer schrecklichen Mühsal und Leiden das, was mir selbstverständlich gehört: mein rechtes Bein. Ich werde ich mich nie darüber freuen, in die Wälder gehen zu können, denn sobald ich dorthin gehen kann, werde ich zur Freude positive Dinge brauchen. Ein gesundes Bein zu haben ist nichts Positives, das ist etwas Selbstverständliches. [...]

Ich denke, Du solltest ein gutes Buch schreiben, und habe den Eindruck, daß Du es schon lange in Dir trägst. Ich bin davon überzeugt, daß Du es könntest. [...]

Hier ist es wirklich kein Vergnügen. Aber alles in allem bin ich froh, daß ich alleine bin, und es geht mir viel besser als die ersten Tage, als ich Staša so deprimiert geschrieben habe. [...]

[Frühjahr 1929]

[...] Natürlich weiß ich, daß Du mich nicht für meine Artikel liebst. Ich halte überhaupt nichts von meinen Artikeln und bin in dieser Hinsicht ganz ehrlich. Ich meine allerdings nicht, sie wären so schlecht, daß sie zu einem »problematischen Punkt« zwischen mir und gleich welcher Art von Freundschaft werden könnten. Und ich denke auch nicht, daß sie so sind, daß ich zum Ausgleich zu dieser Freundschaft etwas von meiner Persönlichkeit hinzu geben müßte. Es sind ganz durchschnittliche Artikel, so wie es viele in den Zeitungen gibt. Ich habe keinen Grund, mit ihnen zu prahlen, aber auch keinen, mich für sie zu schämen. Das ist alles. Wenn ich Geld hätte, würde ich keine Zeile mehr schreiben. Aber vielleicht werde ich einmal ein Buch schreiben, ein einziges Buch. Und dieses Buch wird sicherlich nicht schlecht. [...]

Im Leben habe ich nichts Schlimmeres erlebt als meine Scheidung, weder die Krankheit jetzt, noch etwas Schlimmes davor, weder Hunger noch Armut und Schmerz, nichts war so schlimm wie das. Es war sehr wahrscheinlich deshalb, weil ich nie aufgehört habe, Ernst zu lieben. Ich habe nie erlebt, was es heißt, mit einem Menschen zu leben, der eine andere innere Sprache spricht. Als ich mich von Ernst trennte, war es, als würde jemand Stücke Fleisch aus mir herausschneiden. Als ich mich von Schaffgotsch trennte – siehst Du, da habe ich erlebt, was es heißt, mit einem Menschen einer anderen inneren Sprache zu leben – war es mir ganz gleichgültig. Ich hatte eine derbe Freude daran, daß er wegging, und eine genauso derbe Angst, er könnte zurückkommen. Ich hasse ihn noch heute. [...]

Wenn wir aus unseren Schwierigkeiten rauskommen, Du aus Deiner Ehe, ich aus meiner Krankheit, Jaromír aus den Schulden, müssen wir uns mehr um Stašas Gesundheit kümmern. ... Ich denke, es ist sehr wichtig, eine vernünftige Arbeit für sie zu finden. Die »Evy« und »Hvězdy«* sind für die Katz. [...]

Ich freue mich schon auf den Herbst. Wir werden dann schon alle weiter sein. Es gibt eigentlich keinen Grund, warum wir die nächsten zwanzig Jahre nicht schön leben sollten. Vielleicht nur noch diesen Sommer? [...]

Schreibe mir den Artikel, Ado, wenn Du kannst. Wenn nicht, lassen wir auch das für den Herbst, für die schönen

---

* Frauenzeitschriften aus dieser Zeit

Zeiten. Du schreibst mir nichts über Ma-Fa. Ich möchte gerne wissen, wie es ihr geht, und ob sie schon in Prag ist. Will sie nicht mehr schreiben? Schreibe mir doch über das Sachliche, die Stimmungen dazu denke ich mir selbst. Ich grüße Dich sehr

M.

Staša Jílovská mit ihren beiden Töchtern Olga und Staša 1926

Brief an
Staša Jílovská

Spitzberg, am 24.6.1928

Mein liebes Mädchen,

in gewissem Sinne habe ich auch schlimme Tage hinter mir, obwohl man sie mit den Deinen nicht vergleichen kann, und deshalb wäre es hypochondrisch, darüber zu schreiben. Augenblicklich geht es mir sehr gut, ich bin braungebrannt trotz des Regens, und alle Beschwerden haben mich verlassen. Ich bin jetzt furchtbar gerne hier, und ich bleibe hier so lange ich kann. Möchtest Du nicht, bevor Du in die Slowakei fährst, hierher kommen, um Dich etwas zu erholen? Ich lade Dich ein, auf meine Kosten hierher zu kommen, ich habe Geld genug. Ich werde mich um Dich kümmern, und Du wirst mit mir im Liegestuhl auf dem Balkon liegen und ins Tal schauen. – Vielleicht wäre es gut, ein bißchen draußen zu sein, bevor Du so weit fährst. Ich habe vor, es hier bis zum 15. auszuhalten, und wenn Du vom 5. bis zum 15. hier mit mir bleiben könntest, wäre es wunderschön. Ich habe wirklich genug Geld, es würde Dich keinen Heller kosten, und Du könntest hier ganz allein und ohne Sorgen sein, vielleicht noch mehr als in Zamutov.

Und ich wälze mich hier mit Honza über die Berge, bergauf schnaufe ich, bergab kullere ich, Honza protestiert und kriecht mir im Bauch herum wie eine Spinne. Ich bin froh, daß ich die Seewand erklimmen konnte wie nichts, vom Schnaufen abgesehen, und bin nun vorbereitet, das Kleine loszuwerden und es mir unter Gottes Licht anzuschauen.

Es ist hier zauberhaft schön, ganz unbeschreiblich. Gleich vor dem Haus ein Bassin und eine Wiese zum Sonnen über dem Tal, komm nur hierher Stašenka. Wenn Dich aber die Familie nicht läßt und Du direkt nach Zamutov* wirst fahren müssen, bespreche mit Ada oder Mireček** alles, was Du den ganzen Sommer über eventuell von mir brauchen könntest. Ich werde dann die ganze Zeit in Prag sein und kann alles, was Du Dir wünschst, einrichten und alles, was Dir einfällt, besorgen. Ich bin froh, daß Du das Schlimmste hinter Dir hast und es zu keiner ernsthaften Komplikation kam. Du warst sehr tapfer und hast Dich ausgezeichnet gehalten, wieder einmal. Schone Dich nur und sei sehr selbstsüchtig und richte alles nur nach Deinem Wunsch.

Ich küsse Dich

Milena

---

* Ein Ort in der Ostslowakei.
** Jaromír Krejcar.

Brief an
Marie Kvasničková

[1928/29]

Liebe Kvasníčku,

es tut mir furchtbar leid, daß Sie so ein großes Pech haben.
Niemand weiß so gut wie ich, was Schmerz ist, ich habe wieder
schreckliche Schmerzen. Nur, ich kann dabei liegen, während
Sie allein sind und arbeiten müssen, das ist hundertmal schlimmer, tausendmal! Ich bitte Sie, ich möchte Sie bitten, sich keine
Sorgen zu machen, was die Zukunft anbelangt, ich helfe Ihnen,
soweit meine Kräfte reichen, und ich lasse nicht zu, daß Ihnen
etwas Böses passiert. Mařka* ist zwar der Meinung, ich sei
nicht so vornehm, als daß man von mir etwas annehmen
könnte, ich habe aber den Eindruck, daß Sie mich – wenn auch
von weitem – besser kennen und wissen, daß es mir eine große,
selbstsüchtige Freude macht, jemandem helfen zu können.
Und noch mehr jemandem, den ich so gerne habe und so achte
wie Sie! Ich hoffe, Sie werden sich, wenn Sie Hilfe brauchen,
an mich wie an einen Kameraden wenden. So beweisen Sie am
besten, daß Sie eine gute Meinung von mir haben. Wenn wir
das Ergebnis der Röntgenbilder erfahren haben, richten wir
danach Ihre weitere Therapie aus, und Sie werden sehen, daß
Sie wieder vollkommen gesund werden. Hoffentlich wird es
nichts Ernstes sein!

*Marie Pěničková, Kindermädchen bei Milena Jesenská, war die Freundin von
Marie Kvasničková.

Seien Sie zuversichtlich und fürchten Sie sich nicht, ich lasse nicht zu, daß Ihnen etwas Böses passiert, und es wird sich sicherlich alles wieder zum Guten wenden. Sie würden mir eine große Freude bereiten, wenn Sie mir selbst sagten, was Sie brauchen, und mir dann Ihre genaue Adresse schrieben.

Es grüßt Sie herzlich

Milena

Brief an
Ladislav Tůma

[Ende Dezember 1928]

Sehr verehrter Herr Redakteur,

bitte entschuldigen Sie, daß ich Ihnen schreibe. Sie sind ein aufrichtiger und direkter Mensch, und ich brauche ein aufrichtiges und direktes Wort. Schon seit Monaten trage ich alles mit mir herum und habe nicht den Mut, jemanden um Hilfe zu bitten. Heute endet ein Jahr, das für mich fast schicksalhaft war – nur durch ein Wunder bin ich nicht gestorben, und ich kehre langsam, fast wie zum zweiten Mal, ins Leben zurück. Seit sechs Monaten liege ich auf dem Rücken, kann mich noch nicht setzen, ich fühle mich wie mit Erde zugeschüttet, es stürzt alles über mir zusammen; ich litt an starken Schmerzen und einigemal war es – so sagt man mir – eine Sache von Minuten. Ich bin heute vielleicht empfindlicher als sonst und vielleicht treffen mich schmerzhafte Geschichten mehr, als wenn ich gesund wäre. Aber nach dem Durchlesen der Weihnachtsnummer habe ich mich entschlossen, Ihnen eine direkte Frage zu stellen und Sie um eine direkte Antwort zu bitten. Gleich, was Sie von mir halten, bitte ich Sie, mir zu glauben, daß ich Ihr aufrichtiges Wort wie ein Geschenk schätzen und Ihnen dankbar sein würde für die Wahrheit, mag sie auch unbequem sein.

In der Weihnachtsnummer war in der Beilage »Wir bringen Euch die Nachricht«* eine kleine herzliche Notiz über jeden

---

*Anspielung auf das tschechische Weihnachtslied »Nesem vám noviny«. Das Wort »noviny« bedeutet sowohl »Zeitung« als auch »Neuigkeit«, »Nachricht«.

in der Redaktion – nur über mich nicht. Ich bin nicht eitel und unbescheiden. Ich will nicht, daß man über mich schreibt. Nichts davon. Ich sehe darin nur ein Glied in der Kette von Unerfreulichkeiten, die ich von der Redaktion erfahren habe. Der Schmerz darüber ist heftiger, als ich es schildern kann. In der ganzen Zeit meiner furchtbaren Krankheit hat mich kein einziges Redaktionsmitglied besucht. Zur Geburt meiner Tochter hat keiner von Ihnen ein Wörtchen gesagt, in den Tagen, in denen ich im Sterben lag, hat mich niemand vermißt, niemand hat sich dafür interessiert, wie es um mich steht. Im Sommer wurde ich, weiß Gott wie ungerecht, in einer Glosse von Professor Hýsek* schwer angegriffen, gestern habe ich diese Nummer hier auf dem Bett aufgeschlagen, und niemand hat dort ein Wort für mich verloren.

Ich bitte Sie, seien Sie so lieb und sagen Sie mir: *was habe ich Ihnen allen getan?* Ich muß mich durch irgend etwas schuldig gemacht haben, ich nehme an, ich tue etwas, wofür ich diese Unfreundlichkeit, die mich so schmerzt, verdiene. Ich weiß aber wirklich nicht, was ich getan habe, ich kann es mir nicht erklären, und ich wäre wirklich froh, wenn ich es wiedergutmachen könnte. Vielleicht tue ich etwas, was ich wiedergutmachen kann. Vielleicht ist es ein Mißverständnis, und Sie geben mir die Gelegenheit, es aufzuklären. Ich bitte Sie innig darum.

Es geht mir so schlecht, daß mir bange wird. Ich werde vielleicht mein ganzes Leben hinken. Ich trage so viel, manchmal kann ich nicht weiter. Sie wissen nicht, was es bedeutet, sechs Monate, Tag und Nacht, auf dem Rücken zu liegen in furchtbaren Schmerzen. Es frißt mich richtig auf. Ich bitte Sie, helfen Sie mir. Aber nur das Wort der *Wahrheit* kann mir helfen. Ich

---

*Miloslav Hýsek (1885–1957), bedeutender tschechischer Literaturhistoriker positivistischer Orientierung und Professor an der Karlsuniversität.

bitte Sie darum. Ich schäme mich nicht zu bekennen, wie leid es mir tut, ich schreibe es allerdings *nur Ihnen,* sagen Sie es bitte niemandem. Ich wäre Ihnen sehr dankbar, wenn Sie mir die Feindschaft erklärten, die mir gegenüber in der Redaktion entstanden ist. Ich weiß nicht, wie ich es mir erklären soll. Vielleicht kann ich es wiedergutmachen, wenn ich etwas getan habe. Aber was nur?

Ich wünsche Ihnen ein gutes neues Jahr. Entschuldigen Sie die Form meines Schreibens. Auf dem Rücken kann ich nicht leserlicher schreiben. Entschuldigen Sie, wenn Ihnen meine Frage peinlich sein sollte.

Milena Jesenská-Krejcarová
Praha XII. Sanatorium Dr. Záhorský, Londýnská 44

IV

1937–1939

In den dreißiger Jahren erlebt Milena Jesenská eine der schwersten Zeiten ihres Lebens. Geldsorgen, Krankheit, die schleppende Ehekrise, die in der Scheidung von Jaromír Krejcar endet, unzureichende Publikationsmöglichkeiten und Drogensucht werfen einen tiefen Schatten auf ihren Alltag. In dieser Situation wendet sie sich der Kommunistischen Partei zu, von der sie sich allerdings bald wieder trennt. In dem Brief an die Schauspielerin Olga Scheinpflugová, geschrieben im Januar 1937, schildert Milena Jesenská ihre verzweifelte Lage.

Ein menschliches, allzu menschliches Dokument, das sich jeden Kommentars entzieht. Das Rettende wächst aber auch schon ...

In den Jahren 1937 bis 1939, der Zeit der zunehmenden europäischen Krise vor dem Ausbruch des II. Weltkrieges, erlebt Milena Jesenská als Redakteurin der Wochenzeitung »Přítomnost« den Höhepunkt ihrer Laufbahn als politische Journalistin und Reporterin. Es ist auch die Zeit ihrer tiefen, großen Freundschaft und rekapitulierenden Liebe zu dem Wiener Journalisten Willi Schlamm, der seit 1934 in Prag in der Emigration lebt. Auch Schlamm, der nach Karl von Ossietzkys Verhaftung dessen »Weltbühne« übernahm, gehört zum Mitarbeiterkreis von Ferdinand Peroutkas Přítomnost. Nachdem Willi Schlamm und seine Frau, die Montessori-Lehrerin Steffi Schlamm, im Sommer 1938 die bedrohte Tschechoslowakei verlassen, entwickelt sich zwischen Milena Jesenská und

Willi Schlamm ein intensiver Briefwechsel, in dem Privates, Berufliches und Politisches eng miteinander verflochten sind. Charakteristisch für diesen Briefwechsel ist auch, daß er teils in der tschechischen, teils in der deutschen Sprache geführt wird. In manchen Briefen wechselt Milena abrupt von einer Sprache in die andere. Ausschlaggebend für die Wahl des Deutschen war wohl zum einen Rücksicht auf Steffi Schlamm, die kein tschechisch konnte, zum anderen Angst, auch Willi Schlamm würde manche Feinheiten in der tschechischen Sprache nicht verstehen. Das »Sprachproblem« wird im Briefwechsel selbst einige Male thematisiert.

Schon einmal, in den Jahren 1918/19 in Wien, hatte Jesenská das Ende einer Epoche erlebt. Damals hatte sie dem Untergang nur zugesehen. Jetzt ist sie selbst ein Teil davon. Doch den Untergang dieser Epoche, die Fortschritt, Demokratie und Freiheit verhieß und im Faschismus, in Gewalt und Krieg endete, wird sie nicht überleben. Möglicherweise gerade diese Endzeitstimmung fördert Milenas Zuwendung zu Willi Schlamm, der sie so stark an die Wiener Jahre erinnert. Das intensive und tiefe Liebesgefühl bietet ihr eine Stütze in dieser Zeit, in der so viel zugrunde geht. Vielleicht erst bei der Lektüre dieser Briefe wird klar, welchen tiefen, nicht mehr heilbaren Bruch das Jahr 1938 für Mitteleuropa bedeutete. Die Erhaltung der Briefe verdanken wir Steffi Schlamm.

Brief an
Olga Scheinpflugová

21.1.37
Liebe Ola,

ich denke, es ist eine große Frechheit von mir, Dich um Hilfe zu bitten: Du kennst mich kaum, und ich kenne Dich nur ganz wenig. Ich bin mir dessen bewußt, daß Du das Recht hättest, mich rauszuwerfen, ich denke aber, daß Du es doch nicht machst. Ich denke, Du hast im Leben viel Böses erlebt und hast manchmal ganz verzweifelt gekämpft. Wenn Du auch jetzt mit beiden Beinen auf einem ruhigen Boden stehst, so was vergißt man nicht. Und dann denke ich, Du bist ein Mensch, den man um Hilfe bitten kann. Mit der Hilfe ist es so seltsam: meine liebsten Freunde haben mir nicht geholfen, obwohl ich ihnen geholfen hatte und dachte, es wären wahre Freunde. Sobald ich aber ohne Stelle war, ohne Arbeit und Geld – haben sie mich auf der Straße nicht mehr gekannt, und als ich sie anrief, waren sie plötzlich nie zu Hause, und wenn ich sie aufsuchte, haben sie sich so benommen, daß ich nicht wußte, ob ich weinen oder lachen soll.

Schau Olga, meine Geschichte ist ziemlich alltäglich. Ich bin nach meiner Krankheit und Verkrüppelung der KPTsch beigetreten in einer großen Sehnsucht, auf der Welt noch etwas Nützliches zu tun. Ich dachte, nur dort sei es möglich. Ich dachte mir viele schöne Dinge von dem Wort »Genosse« und habe jahrelang geduldig gegen die Vorwürfe gekämpft, ich sei kleinbürgerlich, und geduldig habe ich mich jahrelang

Olga Scheinpflugová

der sogenannten revolutionären Disziplin unterworfen, auch dann, als mir klar wurde, daß es mit der revolutionären Disziplin wenig zu tun hat und es das gleiche ist wie überall: jeder schützt sich selbst und verleumdet die anderen. Nur in einer anderen Terminologie. Ich habe von morgens bis abends für wenig Geld wie ein Pferd gearbeitet und lebte mit der Tochter sehr bescheiden, aber gut, wenn auch manchmal die Bissen mehr als bitter schmeckten. Die inneren Gründe dieser Bitterkeit kann ich jetzt nicht schildern – es ergäbe ein Buch. Aber dann passierte es einmal, daß ich ganz privat sagte, ich glaubte nicht, daß Zinowev, Kamenev etc. Agenten der Gestapo wären – und am nächsten Tag war ich draußen. Beinahe hätten sie mich für eine Polizeiagentin gehalten. Ich habe dort eine Zeitschrift gemacht, vergleichbar der deutschen AIZ* (diese machen 17 Leute, ich habe sie alleine gemacht), bin oft weinend vor Müdigkeit nach Hause gegangen und zog den Schuh schon an der Endstation der Tram aus und ging auf einem Pfad zu Fuß nach Hause, weil das Bein so geschwollen war, daß ich darauf nicht stehen konnte. Ich kümmerte mich nicht um all die Freunde aus den früheren Zeiten, ließ mich vom Vater aus dem Haus werfen, verzichtete auf alles, außer auf das Nötigste – mit 1200 Kčs monatlich mit einem Kind lebt es sich wirklich schwer, und ich hielt es für ein Glück, für die Arbeiter arbeiten zu können. Die Jahre brachten mir freilich auch viel Schönes: sobald ich unter den Menschen, unter den Arbeitern war, fand ich dort viele wunderbare Menschen. Ich fand auch eine gemeinsame Sprache mit ihnen, erstaunlicherweise störte es sie überhaupt nicht, daß ich keine Arbeiterin war, sie nahmen mich gerne an, freundlich und aufrichtig. Nur, die Menschen aus dem kommunistischen Apparat sind das Schlimmste, was ich auf der Welt kenne. Und – leider – es

*Arbeiter Illustrierte Zeitung.

ist kein Zufall. Auch in der Partei gibt es viele ausgezeichnete Menschen. Aber jeder, der selbständig denken will oder nur etwas sagen will – wird sofort beseitigt. Und unter diesen Menschen sind eben viele gute. Zu denjenigen, die einmal so und ein anderesmal so denken – gehört gerade der Typ des Parteifunktionärs, der in meinen Augen schlimmer ist als ein Dummkopf oder Karrierist, schlimmer als alles, was man von woandersher kennt.

Schau, seit August plage ich mich mit Arbeitslosigkeit und Krankheit – ich habe eine Nierenentzündung – und jetzt endlich bekam ich Übersetzungsaufträge für Sphings und Melantrich*, so daß ich endlich Arbeit habe. Nur das Geld bekomme ich selbstverständlich erst nach Abgabe der Übersetzung. Und ich stehe hier ohne einen Heller, Olga, ich habe kein Geld, um heute etwas zum Abendessen zu kaufen. Ich helfe mir, indem ich einfach Menschen bitte, mir zu helfen – was kann ich anderes tun? Zum Vater kann ich nicht, er hat mir das Haus verboten. Und jetzt komme ich zu Dir, Olga, weil ich weiß, daß Du nicht kleinlich bist und vielleicht begreifen kannst, wie ich mich herumschlage und kämpfe. – Ich muß eine regelmäßige Arbeit finden, sonst ende ich wie Fricek Feuerstein**.

Ich muß wieder hochkommen. Ich muß Arbeit finden. Ich kann mir das Kokettieren mit der Libeňer Brücke*** nicht erlauben, weil Honza da ist. Und ich werde sicher wieder hochkommen, Olga. Ich habe mich im Leben durch so viele schwere Dinge durchgekämpft, daß nur ein Teil davon Stoff für fünf schlechte Filme ergäbe. Und ich bin immer noch hier, und immer noch fühle ich Kraft zum Leben und Arbeiten –

* Bekannte tschechische Verlagshäuser aus dieser Zeit.
** Bedřich Feuerstein (1892–1936), bedeutender tschechischer Architekt und Bühnenbildner der Avantgarde, nahm sich aus existentiellen Gründen 1936 das Leben.
*** Eine Brücke zwischen den Prager Stadtteilen Holešovice und Libeň, die oft von Selbstmördern aufgesucht wurde.

obwohl ich heute nur halb bin, weil ein Mensch wie ich keine Sekunde vergessen kann, daß er hinkt. Ich weiche ab, das gehört nicht hierher.

Ich bitte Dich um eine Hilfe, Olga, und die Hilfe ist für mich Geld. Ich habe die Miete nicht bezahlt, und man droht mir mit Kündigung. Der Strom ist gesperrt, und jetzt will man mir auch das Gas sperren, und in der Wohnung ist nur ein Gasherd. Ich habe keinen Heller – also ich habe noch letzte zehn Kronen – und ich muß es noch etwa einen Monat aushalten, bis ich das Geld für die Übersetzungen bekomme. Ich brauche keine bestimmte Summe, alles ist willkommen. Ich wollte Dich um 500 Kčs bitten, aber wenn Du sie nicht hast, oder wenn Du sie nicht leihen kannst, hilfst Du mir auch, wenn Du mir weniger leihst. Und natürlich – Du hilfst mir immens, wenn Du mir mehr leihst. Ich habe keine Ahnung, wie Du lebst. Ich habe mich heute morgen, als ich keinen Rat mehr wußte, an einen Abend in irgendeinem Lokal erinnert, wo wir miteinander sprachen und überrascht waren, wie einig wir uns sind, und darauf haben wir uns Freundschaft geschworen – und uns dann nicht mehr gesehen. Vielleicht weißt Du es nicht mehr, es sind schon ein paar Jahre her. Du warst damals sehr unglücklich, das weiß ich. Geht es Dir gut heute? Von ganzem Herzen wünsche ich es Dir, mein Šrámek-Mädchen*.

Auch auf der Bühne habe ich Dich schon lange nicht mehr gesehen. Ich habe kein Geld für die Karten. Deshalb habe ich Dich immer als Mädchen aus Šrámeks Stücken in Erinnerung. Und Du hast inzwischen phantastisch die Johanna** gespielt. Aber auch das gehört nicht hierher.

Wenn Du mir helfen könntest, Olga, kann ich Dir überhaupt nicht beschreiben, wieviel es für mich bedeuten würde.

---

* Fráňa Šrámek (1877–1952), tschechischer Dichter und Schriftsteller, schrieb auch einige lyrische Theaterstücke.
** Gemeint ist die Rolle der Jean d'Arc.

Ferdinand Peroutka, Olga Scheinpflugová und
Karel Čapek nach 1935

Vielleicht kann ich Dir nur sagen, daß Du selbst ähnliche Tage erlebt hast und weißt, was eine solche Hilfe bedeutet.

Schau, ich weiß nicht genau, wann ich Dir das Geld zurückgeben kann. Ich kann es bei Dir nicht so abarbeiten wie bei Peroutka*. Ich kann Dir auch nicht versprechen, daß ich es Dir auf einmal geben kann. Gib mir, bitte, ein halbes Jahr – ich bin bis über beide Ohren verschuldet und werde von dem ersten Geld, das ich verdiene, systematisch meine Schulden zurückzahlen. Ich bitte Dich also um eine halbjährige Frist – innerhalb eines halben Jahres hast Du es sicher zurück.

Vielleicht werde ich es in unregelmäßigen Raten schicken, Olga. Aber zurück gebe ich es Dir sicher. Mein Ehrenwort.

Wenn Du mir helfen kannst, kannst Du es ruhig Honza anvertrauen. Ich schickte sie zu Dir, allein wäre ich kaum imstande, es Dir zu sagen. Ich schickte sie mit einem Freund, der auf sie wartet. Du kannst ihr das Geld direkt in einen Umschlag stecken, sie wird es nicht verlieren. Sie hat mit mir ein schreckliches halbes Jahr durchgemacht wie ein wirklicher Kamerad. Das ist viel. Olga, entschuldige mich, daß ich um Hilfe bitte, und ich danke Dir dafür. Es gibt verschiedene Dinge auf der Welt, mit denen ein Mensch dem anderen helfen kann – nicht nur Geld. Vielleicht wirst Du einmal einen Kameraden brauchen. Ich habe mir schon immer gewünscht, Dein Kamerad zu sein, hatte aber den Eindruck, daß Dir nichts daran liegt. Vielleicht werde ich es Dir zurückgeben können, daß Du heute gut zu mir bist – weil ich weiß, daß ich, selbst wenn ich hundert Jahre leben sollte, nie diejenigen vergessen werde, die mir in diesen Tagen geholfen haben. Ich danke Dir also, und wenn Du mal ein bißchen Zeit hättest – unabhängig

* Ferdinand Peroutka (1895–1978), im Briefwechsel mit Willi Schlamm auch Ferda genannt, tschechischer Journalist und Schriftsteller, Gründer und Herausgeber von Přítomnost. Er überlebte sechs Jahre KZ Buchenwald (1939–1945) und emigrierte 1948 in die USA. Mitbegründer der Radiostation »Free Europe«.

von allem, was ich Dir hier schreibe – und ein bißchen Lust, Dich zu mir ins Zimmer zu setzen, würde ich mich sehr darüber freuen. Du wohnst nur ein paar Schritte von mir. Ich weiß, daß Du sehr viele Menschen um Dich herum hast und wenig Zeit. Aber vielleicht würdest Du doch einmal ein Stündchen übrig haben?

Auf Wiedersehen, Olga, halte mir die Daumen, daß ich davonkomme und gut davonkomme.

Falls Dich Honza nicht erreichen sollte, hinterläßt sie Dir meinen Brief und kommt morgen zu der gleichen Zeit – oder noch besser um drei Uhr nachmittags. Es reicht, die Antwort in einem Umschlag bei jemandem zu lassen, der an die Tür kommt. Ich bitte Dich, Olga, *ich bitte Dich sehr – hilf mir.*

Deine Milena Jesenská-Krejcarová
Praha XII, Kouřímská 6

Briefe an
Willi Schlamm

Týdeník
Přitomnost
Redakce

[Škrdlovice, Juli 1938]

Es war *eine* böse Stunde, Willi?
Ich bin Sonntag nicht weggefahren. Ich konnte einfach nicht.
Ich wartete, bis Du abends nach Hause zurückkommst. Ich
ließ Dich bitten mich anzurufen, auch wenn es spät in der
Nacht wäre. Dann habe ich die ganze Nacht gewartet, bis Du
anrufst. Montag mußte ich schon aber weg. Ich rief bei Dir zu
Hause um halb sieben an – man sagte mir, daß Du nicht zu
Hause bist, daß sowohl die Post wie auch meine Bitte mich
anzurufen in dem Briefkasten liegen. Eine halbe Stunde später
war ich schon im Zug – ganz krank. Ich habe überhaupt nichts
gesehen. Ich weiß nicht, ob hier Sonne ist und ob hier Blumen
sind. Ich war ganz blind, taub und stumm, so elend, wie selten
im Leben. Dann habe ich mich erinnert, daß es früher einmal
ein Mittel für mich gab, wenn ich schon glaubte hinter mir und
vor mir nur das Ende zu sehen: gehen auf der Landstraße.
Rasch und regelmäßig und allein gehen. Allerdings ein Mittel,
der viele Jahre nicht für mich im Betracht kam. Nun habe ich
es wieder aus der Vergangenheit geholt: ich bin unendlich lange
gegangen, ganze Jahre gegangen, immer nur gegangen, um den
Rhythmus zu finden und Dein böses Gesicht zu verlieren. Ich
glaube, ich bin eine Ewigkeit gegangen – nachher hat sich herausgestellt, daß es nur 15 Kilometer waren. In zwei und halb
Stunden. Ich mußte mit einem Wagen zurück und dann mußte

Willi Schlamm 1938 in Prag

ich etwas liegen – mein Fuß will von solchen Mitteln nichts wissen. Aber Dein böses Gesicht, Deine dünnen Lippen und Deine schrille Stimme habe ich verloren. Endlich.

Ja, es gibt Sonne hier und es sind Blumen hier. Es ist ganz wundervoll hier, Willi. Wenn ich aus den 27 Stunden, die ich Dir geschenkt habe, eine zurückbekommen könnte, und wenn ich gegen Abend hier allein mit Dir sitzen könnte, ich glaube, ich könnte Dir dann vieles sagen. Oder vielleicht würde ich das Gefühl verlieren, daß es viel zu sagen gibt und für eine Stunde wieder das Gefühl haben, es ist alles in Ordnung. Ich war immer sehr glücklich, wenn ich es glauben konnte.

Es ist allerdings schon lange nichts in Ordnung. Ich glaube, wie Du weißt, nicht an Erklärungen, und dieser ungewöhnlich lange Brief soll keine »Erklärung« sein. Erklärungen stimmen nicht, und wenn sie nötig sind, stimmt verschiedenes andere auch nicht. Meine Erklärung wird also genauso hinken, wie jede Erklärung. Doch glaube ich, daß Du eines nicht begriffen hast, Willi. Du hast mir einigemal vorgeworfen, daß ich weniger lieb zu Dir bin. Ich glaube aus Deinen Worten einigemal herauszuhören, daß Du glaubst, ich wäre weniger lieb, weil ich »enttäuscht« bin. Soll ich wieder »entsetzlich wahrheitsliebend« sein? Du nimmst an, daß ich Dich liebe, daß ich mich auch um Deine Liebe bemüht habe, und als ich sah, daß Du mich nicht liebst, wurde ich »weniger lieb«. Daran ist etwas Richtiges: ich liebe Dich wirklich sehr. Ich weiß nicht genau, wie, ich weiß nur, daß ich Dich sehr liebe. Aber die Voraussetzung zu dieser Liebe war die Gewißheit, daß Du mich nicht liebst. Und das weißt Du nicht. Hätte ich geglaubt, daß auch Du mich lieben könntest, wäre ich doch weggelaufen bis ans Ende der Welt. Wie Du das erklären willst, ist einerlei – aber es ist wahr: ich habe nur Deine Freundschaft gebraucht. Etwas mehr wäre viel weniger gewesen. Nur so war es mir möglich, ruhig zu Dir zu kommen, mich bei Dir unendlich glücklich zu fühlen. Gerade Deine Freundschaft war der sichere Boden, die merkwürdige, verzauberte Welt von einigen Stunden, die ich sicher mein ganzes Leben lang zu den schönsten rechnen werde. Gerade die Tatsache, daß Du mich nicht liebst, daß Du aber ein gutes Herz hast, daß Du mir gut bist und daß Du ein Gesicht hast, das ich so unsagbar liebe.

Diese Freundschaft allerdings brauchte ich und wollte ich. Um die habe ich mich bemüht, und die wäre ein großes Geschenk gewesen. Dann habe ich aber gesehen, daß Du eine andere Freundschaft für mich übrig hast als die, welche mir so viel Glück gab: dieselben Worte, dieselbe Haltung, dieselbe Liebenswürdigkeit hast Du zu vielen Menschen, Willi. Es ist gewiß kein Vorwurf – nur eine »Erklärung«. Diese wohlwollende, liebenswürdige, lauwarme Freundschaft, die mehr aus Deiner Anständigkeit als aus Herzen kommt, und die Du leicht schenken kannst, weil sie im Grunde nichts anderes ist als eine dankbare Antwort eines anständigen Menschen auf eine Liebe, die man ihm entgegenbringt – die nehme ich gewiß gerne an, für die bin ich Dir gewiß sehr dankbar, und ich weiß auch ganz genau, daß sie mehr wert ist als eine »Liebe« eines weniger anständigen Menschen – aber die kann mich nicht so sehr glücklich machen, Willi, wie ich es neben Dir war. Ich bin zwar sehr bescheiden, aber auch sehr stolz. Für eine besondere große Liebe müßte besonders große Freundschaft da sein, das wirst Du sicher verstehen – wenn ich das Gefühl, neben Dir gesund, klar, offen und glücklich [zu sein] haben sollte: und auch dann wäre es eine Bescheidenheit, die ich gerne auf mich nehmen könnte: allerdings erst dann, Willi.

In einem Rudel Deiner Freunde zu stehen, ist kein Glück, Willi. Vielleicht für die Menschen, die Kollektivveranstaltungen lieben und Massenfreundschaft suchen. Für diese Art Freundschaft ist meine Liebe – eben zu groß.

Nun, und dazu kannst Du zurechnen alle Unannehmlichkeiten mit Přítomnost, mit der Regierung und mit unserer Zeit überhaupt, alle bösen Dinge um uns, alle Nervosität in uns, alle Abgespanntheit, mein krankes Bein und alle Sorgen, meine schlechten Nerven und meine schlaflosen Nächte – und vielleicht kannst Du begreifen, was es bedeutet, wenn ein Gesicht, das man über alles liebt, das man sehr selten sieht – und nie allein – das man nur wie eine Landschaft genießen kann oder wie eine Musik – plötzlich sich so verändert, böse wird und fremd. Dabei ist es beim Abschied – und schon Monate droht dieser Abschied sehr schwer zu werden. Und es ist nur eine kleine Probe für den großen Abschied, für den ich, was ich konnte, alles vorbereiten geholfen habe – und daß Deine dünne Freundschaft die Entfernung nicht verträgt, ist mehr Gewißheit als Angst.

Monatelang hast Du einen sentimentalen Brief von mir haben wollen: hier hast Du ihn. Es war ein höfliches Wollen und der Brief ist eine wirkliche Sentimentalität geworden. Ich wollte nur mit diesem Brief und mit den 15 Kilometern – das unsagbar traurige Gefühl wegwaschen: Dein Zusammenzucken, wenn ich meine Hand an Deine Schulter gebe oder wenn ich irgendwie körperlich nahe bei Dir bin: ich war jedesmal wirklich zu Tode erschrocken darüber – ein Schreck, von dem ich manchmal träume und der mir gewiß nie ganz verschwindet.

Antworte mir nicht, Willi. Ich habe hier keine Möglichkeit, Deine Briefe für mich zu behalten.

Und ob wir uns doch sehen werden? Ich habe nicht Mut, Dir zu sagen, Du sollst herkommen. Es ist ein kleines Dorf, ganz primitiv, ein armes Dorf und eine ruhige Landschaft. Ich liebe es sehr. Ich bin sehr gerne hier. Ich bin aber nicht sicher, daß

Du Dich hier wohl fühlen würdest. Es sind große Wälder hier, viel Wasser, ein Dorf, ein Garten – aber ganz und gar einfach. Sonntag ist hier weniger schön, weil die Dorfmenschen auf der Landstraße spazieren gehen und weil Ausflügler kommen. Wenn Du Lust hast mit Deinen Freunden und mit Auto her-zukommen – vielleicht könntest Du dann mit der Steffi ein oder zwei Tage hier bleiben, wenn es Euch hier gefällt? Ich werde mich sehr, sehr freuen und Evžen* und Honza auch. Aber wie gesagt: ich habe nicht Mut, Dich dazu aufzufordern.

Ich denke, daß Du Manuskripte lieber durch Richter** schickst, weil Du kein Porto zahlst? Aber Du mußt Artikel Mittwoch und Bemerkungen Donnerstag schicken, Willi.

Ich grüße Dich sehr, Willi, auf Wiedersehen.

Milena
M.J. u pana Doležala
Škrdlovice pošta Vojnův Městec   (Im Original deutsch)

Týdeník
Přítomnost
Redakce
[Škrdlovice, Ende Juli 1938]

Lieber Willi und liebe Steffi,

wir wollten Euch zu Palmes Blumen schicken, damit ihr wißt, wie wir jede Minute Dienstag miterlebt haben. Dann haben wir aber Angst gehabt, daß wir etwas damit ausrichten und haben wir geschwiegen.

Ich wünsche Euch vom ganzen Herzen, daß Ihr draußen seid. Für Dich, Steffi, war es eine arge Zeit. Ich habe Dir im

---

* Der Lebensgefährte Milena Jesenskás Evžen Klinger.
** Redaktionssekretär bei Přítomnost.

Stillen und soweit es ging – so sehr gegen meinen Wunsch – Daumen gehalten. Ich glaube, Du hast in diesen Monaten sehr viel für Willi getan.

Ich schreibe gar nicht viel, es wäre zwecklos. Aber etwas will ich sofort wissen: erstens will ich ein paar Zeilen von Dir, Steffi, haben. Es stimmt da etwas nicht, aber vielleicht hast Du nur zu viel zu tun gehabt. Also jetzt will [ich] ein paar Worte von Euch und zwar, bitte, sofort. Wir haben alle so viel Gründe zu Nervosität gehabt, daß ich die letzten Wochen lieber streichen möchte. Aber nun halte ich, glaube ich, ohne Deinen Brief nicht mehr aus.

Zweitens will ich die Telefonnummer vom Palme wissen. Nach Brüssel zu telefonieren kann nur überflüssig, aber nicht unmöglich sein. Ich werde Euch schreiben, wann ich euch anrufe – einmal nach 9 Uhr. 3 Minuten unter 5 Menschen zu teilen wird sicher schwer sein, aber nichts soll unversucht bleiben. Vor allem Honza mußt Du schreiben, Steffi, sie ist sehr unglücklich, daß sie Dich nicht gesehen hat.

Nun jetzt die große Sensation: wir wollen Euch noch sehen. Wir haben in dem Wirbel der letzten Tage ganz vergessen, daß Ihr ja doch noch in Europa seid. Im August werde ich nicht aus Prag wegfahren können, wahrscheinlich. Aber Anfang September komme ich entweder nach Brüssel oder nach Paris. Zwar nur für eine Stunde – aber eine Stunde mit Euch zu sein ist sehr viel. Falls es gelingt, daß Evžen den Reisepass bekommt, kommt er mit. (Du hast, Willi, nicht gesehen, daß auch Evžen geweint hat?)

Es ist eine ganz wunderbare Idee, bitte, ich möchte sofort gelobt sein. Ich bringe eine Flasche Wein mit. Wird sofort am Bahnhof ausgetrunken.

Schreibt nach Prag, schreibt sofort zum Kukuk! Nachdem ich mich entschlosssen habe, nach Paris zu kommen, konnte ich meine Traurigkeit bis Ende September verschieben. Wunderbar.

Ich fahre heute von hier weg. Aus Prag schreibe ich ausführlich – aber nur, wenn Steffis Brief kommt. Du darfst mir sogar schreiben: Hab mich gern. Aber schreibe!!

Eure Milena

Ja, wirklich, schreibt sofort – so geht das nicht! Euer Evžen*

(Im Original deutsch)

Fragment

Habt Ihr mich schon ganz vergessen? Bekomme ich niemals mehr ein Schreiben von Euch? Verdiene ich es nicht mehr? Ich bitte sehr, ich wäre sehr glücklich. Und das heißt schon was. ·

Milena

Habt Ihr meinen Brief bekommen? Schreibt doch, ich bitte Euch sehr.

2.8.38

Mein lieber Willi,

ich kann leider nicht in den liebenswürdigen, freundlichen Ton Deines letzten Briefes einstimmen. Solange ich draußen war, ging es irgendwie. Ich lag im Wasser und suchte in den Wolken Deinen Namen. Es ist ganz merkwürdig, wie die Wolken ein großes W bilden können. Aber jetzt bin ich in Prag und kann nichts, gar nichts. Nur weinen. Du hast mir das Weinen beigebracht, Willi, mehr und besser als alles andere.

* Zusatz von Milenas Lebensgefährten Evžen Klinger.

Prag ist heiß, verdorrt, schwül und welk. Mein Telefon führt nirgends hin. Im Café Bellevue sitzt Doppler. Peroutka ist weggefahren, und Richter ist weggefahren, und ich muß mich um die ganze Přítomnost kümmern. Und ich kann nicht arbeiten. Wahrscheinlich werde ich nie mehr arbeiten können. Ich habe Dir damals gesagt, ich kann mir eher vorstellen zu sterben, als daß Du wegfährst. Es ist allerdings das Schlimmste geschehen, wie immer das Schlimmste geschieht. Du bist weggefahren, und ich bin nicht gestorben. Gestern fiel mir ein, daß ich Dich auch nie mehr sehen würde, wenn ich krank wäre und im Krankenhaus. Es ist viel schlimmer, Willi, als ich es mir in den schlimmsten Augenblicken vorgestellt hatte. Es ist viel schlimmer als alles, was mir in den letzten Jahren zugestoßen ist. Als ich ganz klein war, hing über meinem Kinderbett ein dummes kitschiges Bild – vielleicht kennst Du es auch – ein verlassenes Kinderbett und davor ein großer Hund. Ich hatte es längst vergessen. Aber als ich jetzt am Prager Bahnhof ankam und Prag sah, wo Du nicht mehr bist, habe ich mich daran erinnert. Ich beginne zu begreifen, wie es den Tieren geht, wenn sie etwas verlieren – und nicht sprechen können. Vorläufig glaube ich fest, daß ich kommen werde. Aber wenn ich wirklich komme, wird es eines der Wunder sein, die mir im Leben passierten. Dieses Wunder hieße Geld – wenn ich es hätte, wäre ich schon dort.

Wirst Du wie ein Idiot arbeiten? Und nicht wie ein Löwe? Aber Willi – so schnell beginnt die Assimilation?

Als wir aus Německý Brod* zurückkamen, waren wir beide wie betäubt. Und am dritten Tag wollten wir mit der Arbeit beginnen und Evžen sagte: und jetzt gehe ich arbeiten wie ein Löwe – und als er sich mein Gesicht anschaute, begann auch er zu weinen. Schluß damit. Aber es gibt einen Menschen auf der

---

* Eine Stadt in der Nähe von Milenas Ferienort Škrdlovice.

Welt, den hasse ich wie den Tod, genauso stark wie ich zu lieben vermag. Und das ist Herr Dieterle.* Wenn ich ihm etwas Böses antun könnte, nähme ich dafür gerne in Kauf, ein paar Jahre früher zu sterben. Nicht, weil er Euch half wegzufahren – sondern weil er mir die paar ruhigen Stunden nicht gönnte, die ich jetzt hätte haben können.

Ich könnte etwa am 1. September kommen. Ich werde alles tun, um kommen zu können. Beide werden wir wohl nicht kommen können – weil Evžen keinen Pass bekommt und kein Geld haben wird. Vor dem 1. September wird es wohl nicht gehen und für eine Woche ganz sicher nicht. So etwa für eine Stunde. Ob ich über Deutschland fahren kann? Willi, ich würde selbst durch die Hölle fahren. Aber es geht nur ums Geld. Man wird sehen.

Deine Rundschreiben schicke mir nicht, Willi. Es ist die erste Geschmacklosigkeit, die ich bei Dir erlebt habe, und sage nicht, Du könntest nichts dafür. Man soll nicht so viele »Freunde« haben, genausowenig wie man viele Frauen haben soll. Glaube mir. Man soll nur Freunde ohne Anführungsstriche haben. Übrigens interessiere ich mich überhaupt nicht für Brüssel, ich kenne es besser als Du. Und die Kollektiväußerungen interessieren mich überhaupt nicht, Du private Persönlichkeit! Schreib mir wenig, wenn Du keine Zeit und Lust hast, schreib mir, meinetwegen, überhaupt nicht. Damit ändert sich nichts. Vielleicht höre ich auch auf zu schreiben. Auch damit wird sich nichts ändern. Aber schreibe mir, wenn Du schreibst. Schicke mir nicht noch einmal so was – sonst höre ich auf, um Dich zu weinen!

Und was Lidovky betrifft – Du sollst es direkt nach Brünn

* Wilhelm Dieterle, ein bekannter deutscher Schauspieler und Regisseur, der in den zwanziger und dreißiger Jahren in Hollywood große Karriere machte. In den dreißiger Jahren half er mit seinen Bürgschaften einigen Juden und Antifaschisten, darunter auch Willi Schlamm, mit dem er seit Jahren befreundet war.

schicken. Es gibt dafür irgendwelche geheimen Gründe. Erstens werden dort die Leute für Übersetzungen bezahlt, so wie ich hier bei Přítomnost. Zweitens hat Fürth* vielleicht irgendeine tiefe Aversion gegen mich – drittens gibt es sehr wahrscheinlich eine Spannung zwischen Ferda und Lidovky – es geht einfach nicht. Es würde aussehen, als drängten wir uns auf – ich möchte nichts weniger als das.

Was Přítomnost anbelangt, – ich bitte Dich, Willi, denke ein bißchen nach und mache Dir klar, daß Deine Artikel einen großen Teil meiner Existenz ausmachen. Sieh das auch einmal so, ja? Finanziell wie arbeitsmäßig sind sie für mich eine große Hilfe, die zu verlieren sehr bitter wäre, Willi. Auch materiell. Und materiell: das sind Schuhe für Honza und Miete und Schulbücher und das ganze miserable Leben, aus dem Dein Gesicht verschwand! Es kamen übrigens zwei Männer und haben die Telefonleitung verlegt. Das Telefon steht jetzt auf meinem Schreibtisch, und ich kann abends nicht mehr nach draußen schauen, während ich telefoniere. Übrigens, ich telefoniere abends nicht mehr. Aber, Willi, wie viele Abende stand ich stundenlang und wartete auf Deinen Anruf! Hast Du überhaupt gewußt, daß es nur von Dir abhing, wenn Du mich morgens gefragt hast: gut geschlafen? Wie viele Stunden läßt man im Leben umsonst vergehen? Herrgott, und genug.

Ich werde Dir Vorschläge schicken – aber momentan ist mein Kopf leer, und ich weiß nichts. Wir sollen uns morgen auch noch einmal mit Peroutka treffen: gestern hat er die ganze Nacht durchgezecht und wollte nicht über die Arbeit reden. Ich kann Dir gar nicht sagen, Willi, wie schwierig die Zusammenarbeit mit Peroutka ist – menschlich schwierig. Manchmal habe ich das Gefühl, ich kann nicht mehr. Wenn ich mit ihm gesprochen habe, sehe ich, was notwendig ist, und schreibe Dir sofort.

---

* Julius Fürth (1897–1979), tschechischer Publizist und Verleger.

Bitte, bitte, ruf an! Aber Du mußt mir schreiben, an welchem Tag Du anrufen wirst! Natürlich auf meine Rechnung, das sind mir Fragen! 550–43, falls Du es nicht mehr weißt!

Ich bin erst einen Tag hier, und deshalb bin ich so traurig. Ich werde schon wieder hochkommen, Willi. Mir wird nichts passieren. Mir passiert leider noch lange nichts. Die Sachen für Přítomnost – vor allem die jüdischen Anekdoten – schicke bitte an meine Adresse!

Und fahrt Euch Brügge anschauen – es ist eine ruhige, traurige und zauberhafte Stadt, ganz unwirklich. Und fahrt zum Meer, Belgien hat das schönste Meer in Europa. Und wenn Du Zeit hast, Willi, fahre nach Ypern und schau Dir vor allem die Soldatenfriedhöfe dort an. Sag mir nicht, daß man es sich nicht anschauen soll – gerade umgekehrt, man soll sich das anschauen. Und schau Dir die englischen deutschen Friedhöfe an, schau Dir die Aufschriften an. Das hat mich am stärksten beeindruckt in den letzten Jahren – die englischen Gärten und die deutsche Erde. Du wirst für eine Weile das deutsche Volk ganz anders sehen. Belgien ist das schrecklichste Land, das traurigste Land, das schlimmste Land. Aber Du müßtest durchfahren. Die Dörfer sind alle neu – weil sie alle zerstört wurden. Und überall auf den Feldern sind Friedhöfe – ein Kreuz neben dem anderen, kilometerlang. Ein armes, frommes, trauriges und zauberhaftes Land. In Brügge gibt es noch ein Ghetto – das letzte in Europa. Ihr könntet übrigens nach Paris über den Norden Belgiens fahren, am Meer entlang. Es wäre eine schöne Reise!

Willi, das ist kein Schreiben. Ich bin ganz ratlos, sehr traurig, sehr untapfer und will zu Dir. Das ist das einzige, was ich weiß.

Wenn ich mich in Prag ein wenig umgeschaut habe, werde ich Dir schreiben.

Du mußt mir nicht schreiben, Willi, auch wenn ich öfters schreiben werde. Ich weiß, daß Du viel Neues erlebst und viele Sorgen hast, und ich weiß, daß man nicht immer schreiben will. Und ich weiß, daß ich Dich einmal wiedersehen werde – wenn ich nicht an Sehnsucht sterbe. Eher sterbe ich an Sehnsucht, Willi.

Grüße Steffi. Schreibt sie immer so kurz? Honza küßt sie, und ich freue mich sehr auf sie. Und was soll ich Dir sagen, Willi? Warum hast Du auf dem Photo, das Du mir gabst, die Brille an? Und kannst Du Dir den Warteraum in Německý Brod ohne Dich vorstellen? Und begreifst Du überhaupt, daß ich den Augenblick ganz ausgezeichnet aushielt? Nicht einmal gelobt hast Du mich. Auf Wiedersehen, Willi. Hab keine Angst, ich werde nicht jedesmal so sentimental schreiben – das ist nur der erste Tag in Prag.

Milena

4. 8. 38

Es geht schon besser, Willi. Ich bin schon wieder in der Arbeit drin, und es gibt viel zu tun, weil mich Peroutka bat, die Arbeit für Richter zu übernehmen. Ich sitze also in der Redaktion, aus dem Haus gehe ich allerdings erst, nachdem die Post gekommen ist, vorher würde mich niemand aus dem Haus bringen. Dann diktiere ich Briefe, telefoniere, und es zeigt sich leider schon wieder, daß ich es besser mache als Richter, was gefährlich ist. Ich mache es den zweiten Tag und Jílovský sagte mir, ich sollte Richters Arbeit übernehmen, weil dann die Leser wirklich Antwort auf jeden Brief bekämen. Mittags schwamm ich mit Honza von Mánes zum Bellevue – warst Du nicht dort? In jedem zweiten Menschen auf der Straße sehe ich Dich.

Ich sprach mit Jílovský* über Dich und Lidovky. Zuerst

---

*Rudolf Jílovský (1890–1957), Kabarettist, später Verlagsdirektor, erster Mann von Milenas Freundin Staša Jílovská.

sagte er mir, Du solltest es direkt schicken, damit es keine Verspätung gäbe. Als ich ihm bewies, daß es ein Unsinn ist, sagte er, es würde zu viel Geld kosten. Als ich erwiderte, ich möchte dafür kein Geld, erntete ich die bekannte Grimasse (natürlich für Willi alles auf der Welt) und zum Schluß kam heraus, daß zwischen Lidovky und Přítomnost eine solche Spannung herrscht, daß Fürth keine Leute mischen will. Und dann noch eine gewichtigere Sache: sie wollen es deshalb direkt bekommen, um zu wissen, was sie daraus machen sollen, wie redigieren, zusammenstreichen etc., und sie haben – übrigens berechtigt – den Verdacht, ich würde es nicht zulassen. Das ist also der ganze Grund. Mach Dir nichts daraus, ich lasse sowieso nicht zu, daß sie Dir schaden. Aber die Sachen für Přítomnost sollst Du mir direkt nach Hause schicken. Vorläufig kann man also nichts machen. Übersetzen wird es nicht Münzer, sondern Hrnčíř, er übersetzt schrecklich und ist ein großer Esel. Aber es wird sich alles zeigen, und man wird sehen.

Wie Du weißt, wurde Rádl aus London abberufen. Jetzt war Ripka in London, schrieb einen begeisterten Brief über Rádl, und Rádl bekam eine Gehaltserhöhung, man abonnierte für ihn eine große Agentur, um ihm eine Quelle zu geben, von der er Nachrichten klauen kann – und Rádl ist ein begeisterter Mann Ripkas. Siehst Du, so macht man es, mein Lieber. Rádl kann zwar überhaupt nichts, und keine einzige Nachricht von ihm war zu gebrauchen – aber er ist Ripka ergeben, weil er ihn gerettet hat. Goldiger Ferda mit allen seinen Unarten!

Mit Peroutka habe ich nur kurz gesprochen: ich denke, er erwartet einen Brief von Dir. Du schreibst, Du willst ihm etwas wie eine Bilanz schreiben – schau Willichen, laß es damit sein und schreibe ihm einen sehr lieben Brief. Verlasse Dich einmal auf mich und glaube mir, er ist einer der besten Menschen – auch wenn es so schwer ist, mit ihm auszukommen, auch wenn er anstelle des Herzens einen Brei hat.

Vorläufig denke ich an nichts anderes als daran, daß ich komme: Du zweifelst daran, Willi?

Ich beginne die guten Seiten daran zu suchen, daß Du weg bist: gute Seiten des Briefeschreibens. Einem Menschen, den ich nie mehr in meinem Leben sehen werde, kann ich doch alles schreiben. Überhaupt alles. Und ich kann Dir zwanzig Mal am Tage sagen, daß ich Dich liebe, und niemand kann mir dafür etwas tun. Wunderbar!

Und kannst Du Dir vorstellen, wie gerne ich Dich habe? Du kannst es nicht, das ist es. Sonst hättest Du nie den Mut gehabt wegzufahren.

Ich lache aber schon, Willi. Es geht schon. Es muß gehen.

Vorschläge habe ich noch keine. Zeitungen habe ich noch nicht gelesen. Ich beginne, die Engländer zu hassen. Ein Gesindel.

Radio kann ich überhaupt nicht hören. Entweder höre ich »zufällig« die II. Symphonie oder irgendwelche Lieder, die einem das Herz zerreißen, wenn man dem Weinen nahe ist.

Willi, wird das ein schönes Leben sein! Aber eine wichtige Sache hast Du vergessen! Ich werde natürlich ohne Mütze nach Amerika fahren! Übrigens, es ist in dem schönen Programm dort alles auf den Kopf gestellt, nur, wird Steffi Ordnung machen? Wie denn? Im Gegenteil, Steffi wird unordentlich sein, die Zigaretten auf den Boden abklopfen, während ich Strümpfe stopfen werde! Und die Möwen im Zoll? Aber Willi? Ich will keine verzollten Möwen. Ich will Möwen auf der Moldau, den blauen Himmel darüber, den Duft des Wassers, Kälte und zwei Stunden Wartezeit und noch einmal das Stückchen Glück. Die Möwen können überhaupt nicht verzollt werden, damit wäre alles verdorben. Und überhaupt, ich fahre nach Amerika im Kanu – hast Du das vergessen?

Siehst Du, Willi, es ist schon besser. Übermorgen schreibe

ich einen vernünftigen Brief. Dein Photo ist ganz schlecht. Ich hatte ein krankes Bein – Du hast nicht gesehen, daß ich es in Gips habe, oder? Das war damals der Ausflug mit Deinem bösen Gesicht. Deswegen bin ich auch nicht nach Prag gekommen. Weißt Du – und ich war ganz davon überzeugt, daß Du kommst, und Du weißt, daß ich einen Grund habe, warum ich nicht fahre, und es ist nicht derjenige, den ich angebe. Es ist gut, Willi.

Und gestern habe ich zum ersten Mal nach langen Wochen gelacht: Dein Artikel sollte am Freitag angekommen sein? Aber Willi??? Du hast ihn sehr wahrscheinlich rechtzeitig weggeschickt, ich zweifle nicht daran, aber der Artikel ist ein kluger Artikel und die tschechoslowakische Post ist eine ganz wunderbare Sache – sie sagte sich: ist das der Artikel von Willi für Milena? Da hat sich Willi wohl geirrt. Den darf man nicht am Freitag zustellen! Damit würde man alles verderben! Und sie hat ihn mir am Samstag abend zugestellt, natürlich. Es geht immer mit rechten Dingen zu, mein Lieber, so einfach ist es nicht, wie Du es Dir vorstellst: ihn rechtzeitig wegzuschicken und denken, er käme auch rechtzeitig an! Es ist doch ein Artikel von Dir!!!

Die Henlein Partei hat ein neues Memorandum herausgegeben. Ich rief heute Sebekovský* an, damit er es mir gibt, weil sie es offiziell nicht verteilen. Er hat es mir sehr bereitwillig versprochen. Ich wollte es Dir schicken, damit Du etwas dazu schreiben kannst, und ich möchte es in Přítomnost auf englisch veröffentlichen. (Mit dem Boß habe ich darüber aber noch nicht gesprochen und auch das Memorandum habe ich noch nicht. Aber wenn der Boß einverstanden wäre, dann müßte es sehr schnell gehen, mit Flugpost und überhaupt, weißt Du?)

* Walter Sebekovský, Funktionär von Henleins Sudetendeutscher Partei.

Morgen werde ich mit Peroutka sprechen. Weil Dein Artikel zu spät kam – Peroutka ist draußen und muß es am Samstag schon haben, – und weil er aktuell ist, habe ich ihn übersetzt und selbst in die Druckerei gegeben. Was meinst Du, was passiert?

Mit der Arbeit ist es am schlimmsten. Über Prag liegt eine schreckliche Depression, die Menschen beginnen, müde zu sein von den Ratschlägen, von der Stumpfheit etc. Am Anfang hatten sie viel Elan, jetzt beginnt er einzuschlafen. Der deutsche Sender schreit schreckliche Dinge heraus, und wir flüstern Schlager. Peroutka ist schon den zweiten Monat draußen – und im Winter war er auch einen Monat weg. Neulich sagte er mir, er begänne Blumen zu züchten und läge einen Garten an wie Čapek. Die Redaktion ist voller Menschen. Ich wüßte schon, was mit ihnen zu tun wäre, nur ich kann selbst nichts entscheiden. Und letztlich entscheide doch ich, weil ich nicht weiß, wie man es anders machen könnte. Mir tut hier niemand Böses (keine Mißhandlungen), aber es gibt niemanden, dem an Přítomnost etwas liegt. Es ist zum Verzweifeln, so gleichgültig zu arbeiten, zum Verzweifeln, es schlechter zu machen, als man sollte, und zum Verzweifeln, wenn ich Peroutkas Desinteresse sehe. Herrgott, ist es vielleicht mein Blatt? Und so ist es überall. Jeder schlägt irgendwie seine Tage tot und will nicht über wichtige Dinge sprechen. Manchmal denke ich, daß alle die Leute hier verrückt sind: jeder ist besessen von einer Krankheit, von einer fixen Idee, und alle zusammen sind gleichgültig, nachlässig und feige. Du hast nicht Recht, Willi, wenn Du dem Arbeiter sein Mißtrauen gegenüber dem Intellektuellen vorwirfst: mein Gott, wenn ich mich an die Menschen auf dem Lande erinnere und die Menschen hier sehe – es ist doch wie der Jüngste Tag.

Sei froh, daß Du weg bist. Hier kann nichts Gutes passieren. Nur Böses und Schlechtes. Darüber hinaus wird mit sehr harten

Ausweisungen von Emigranten begonnen, vor allem österreichischen Bürgern. Sie bekommen eine dreitägige Frist und innerhalb dieser drei Tage müssen sie weg sein. Und wenn sie
nicht weg sind, werden sie ausgewiesen nach *Deutschland* oder
nach *Österreich* direkt an die Grenze! Also direkt ins KZ! Sei
kein sentimentaler Tommy, Willi, laufe in die Welt! Du gehörst
dorthin! Du hilfst dort, ein Zuhause für uns alle zu schaffen!

Morgen bekommen wir ein bißchen Geld, und wir schicken
Dir Zeitungen. Bitte, sei nicht böse, daß wir sie bisher nicht
geschickt haben, es waren so viele Dinge zu erledigen und kein
Geld. Auch das kommt noch in seinen regelmäßigen Gang.
Weißt Du? Evžen hat es nicht vergessen. Evžen mag Dich
nämlich wirklich gern, mehr als ich dachte. Für ihn ist es wahrscheinlich sehr schade, daß Du weg bist – aber das gibt er wohl
nicht zu.

Wirst Du anrufen? Auf meine Rechnung? Zum Geburtstag?

Grüße Steffi. Grüße auch Palmes – Frau Goldberg rief mich
an, sie fliegt nach London, und auf dem Rückweg will sie Euch
besuchen. Ja, ich muß nicht immer nur schöne Dinge schreiben.

Willi, widme mir einen Artikel über jüdische Anekdoten, ja?
Bitte, bitte? Zum Geburtstag?

Auf Wiedersehen, Willi,

Milena

8.8.38

Schön ist nur eins, Willi: daß ich ganz genau wußte, daß Du
mir antwortest, und ich Richters Zimmer in der absoluten
Sicherheit betrat, einen Brief von Dir dort vorzufinden – und
er lag wirklich dort. Wie lange wird diese Sicherheit über die

Entfernung anhalten und trotz alledem, was ich weiß und »was Du weder sagst noch schreibst?«, Gott weiß.

»Ein solcher Mensch wie Du« – aber was für ein Mensch bin ich eigentlich, Willi? Der ganzen Welt und jedem anderen ein vollkommen unbrauchbarer und fremder Mensch. Manchmal geschehen dann solche merkwürdigen Wunder, daß ich jemandem begegne, dem ich nicht fremd bin: und immer endet es so, daß die Wirklichkeit ihn mir entreißt. Ich saß neben Kafka, als er in Wien im Sterben lag, und wartete, bis er gestorben war. Ich stand mit einer Hausmeisterin an Brunners* kleinem Sarg, als er mir starb und ich nicht dabei war. Und ich stand in Německý Brod auf dem Bahnhof und ließ zu, daß der Zug abfuhr, Willi. Ich werde wirklich nicht mehr darüber schreiben – aber Du kannst Dir überhaupt nicht vorstellen, wie weh es tut. Bis zu diesem Juli habe ich nicht gewußt, daß Dinge so schmerzen können. Ich weiß nicht recht, was ich tun, was ich damit tun soll. Es tut weh und schmerzt, es hört nicht einmal für eine Minute auf, es läßt überhaupt nicht nach, Du kannst nirgendwohin davonlaufen, mußt es jede Sekunde aushalten, und es tut immer weh. Es scheint mir, daß mir nie zuvor etwas mehr wehgetan hat, daß ich nie so hundertprozentig und unzynisch unglücklich gewesen war, lückenlos durch und durch nur unglücklich.

Ich weiß nicht, ob es daran liegt, daß ich die Menschen aufmerksamer beobachte, seitdem Du weg bist, oder ob etwas geschehen ist, was ich nicht bemerkt habe: aber es gibt hier keinen Menschen, mit dem ich sprechen könnte oder wollte.

Im Café Metro sitzen lauter Stalinisten. Bis jetzt sprach ich mit ihnen und sie mit mir – jetzt haben sie aufgehört, mich zu grüßen. Es ist eine Schande, daß es nicht von mir ausging.

---

*Hugo Vratislav Brunner (1886–1928), tschechischer Maler und Karikaturist, Mitarbeiter Milenas aus der Zeit in »Pestrý týden«.

Peroutka und seine Leute kommen für ein Gespräch oder einen menschlichen Kontakt überhaupt nicht in Frage. (Den Brief an Peroutka habe ich weggeschickt.) Jaromír hat keinen Heller, kommt täglich zu mir zum Mittagessen und trägt einen billigen Schnaps in der Tasche, den er aus einer Teetasse trinkt. Es graut mir vor ihm. Die Autoren von Přítomnost kennen nur Beschwerden und Klagen, die ich ihnen ausreden und klären muß. Pepek* und Záviš** sind böse auf mich – auch wegen Přítomnost, aber aus einem anderen Grund. In der Verzweiflung ist mir schon eingefallen, jemanden von Deinen Leuten aufzusuchen, um das Echo Deiner Sätze zu hören. Aber das wäre nur schlimm für mich. Evžen ist jeden Abend weg und kehrt gegen Morgen nach Hause zurück – er steht mit allen gut und findet es in Ordnung. Alle Dinge, jede Beziehung, jeder Gedanke, jedes Lied bekam ein anderes Gesicht, weil Du nicht da bist. Wie kann etwas so Negatives so furchtbar positiv sein? Wenn ich etwas Schönes sehe – schenkst Du es mir? Aber wie kann ich etwas Schönes sehen, wenn Du nicht da bist? Alles ist anders, Willi, die ganze Welt ist anders. Du hast mich irgendwo hingebracht und jetzt, nachdem Du weg bist, bin ich dort allein, sehr allein. Du hast mir etwas gezeigt, es ist nicht verschwunden, es ist hier, aber wie kann ich es finden und weitersehen? Manchmal erinnere ich mich an alles, was Du mir je gesagt hast, gerne würde ich in meinen Gedanken daraus etwas Rundes, Zusammenhängendes machen. Es stört mich, daß ich nicht weiß, was Du mir gezeigt hast, sondern es bloß fühle. Aber alles, was ich heute fühlen kann, tut mir weh. Wie mußt Du manchmal allein in der Welt sein, wenn die Menschen, die Dich ein bißchen verstanden haben, plötzlich so allein sind?

* Josef Guttmann, Funktionär der KPTsch.
** Záviš Kalandra (1902–1950), Historiker und Publizist, langjähriges Mitglied der KPTsch, 1950 im Zusammenhang mit dem Prozeß gegen Milada Horáková verhaftet und hingerichtet.

Dein Artikel über den Engländer ist ausgezeichnet. Ich hatte den Eindruck, daß Du ihn sogar ein bißchen fröhlich geschrieben hast? Und heute bist Du traurig? Warum? Du bist doch immer zu Hause, Willi? Du kannst doch nicht heimatlos sein? Ich habe, denke ich, noch nie einen solchen Menschen wie Dich gesehen. Glaube es mir, es gibt ein Stück Hoffnung – das Bewußtsein, daß Du auf der Welt bist. Hab keine Angst, Willi, sei nicht traurig. Nicht Du bist mit uns, auch wir sind mit Dir. Es muß doch etwas bedeuten, wenn Du Menschen besser zurückläßt, als sie es vor der Begegnung mit Dir waren. Ich bin viel besser geworden, als ich es früher war, und wenn ich etwas Böses täte, Willi, wäre ich am unglücklichsten darüber, daß ich es als Dein Freund getan hätte. Heute ist weder die Stadt, noch das Land oder sonstwas auf der Welt ein Zuhause. Nur das ist ein Zuhause, »was Du nicht geschrieben und nicht gesagt hast«.

Warum Evžen nicht schreibt? Evžen schreibt fast nie. Aber Evžen ist sehr sehr böse auf mich, weil ich ihm erzählte, daß ich Deine Rundschreiben abbestellt habe. Er las sie sehr genau und will sie weiter haben. Er sagt, sie seien sehr interessant und witzig, und daß Du nicht jedem Menschen extra das Gleiche schreiben könntest und daß Du nicht so viel Zeit hättest, uns zu schreiben, was Du über die Dinge denkst (politisch usw.), und daß er das unbedingt wissen müsse und wolle, weil Du in den letzten Jahren der einzige (!) Mensch gewesen seist, mit dem er ernsthaft gesprochen habe und sprechen könne, und er möchte es nicht entbehren. Und weil ich das verdammte Rundschreiben nur aus Eifersucht auf alle anderen Menschen abbestellt habe – und es niemandem zum Lesen gab, und weil ich akzeptiere, daß Evžen recht hat, bitte ich sehr um Verzeihung und bitte demütig um weitere Kopien. (Du weißt, daß ich mich immer entschuldigte, wenn ich Dir etwas angetan habe.)

Ich werde sicher kommen. Ganz bestimmt, Willi! Du darfst nicht aus Europa wegfahren! Ich möchte Dich noch sehen! Ich

Stefanie Schlamm in den 20er Jahren

bin schon alt und kann sterben. Es ist lächerlich, denn dem Herrgott wird es niemals gelingen, mich fertig zu machen, dem Armen. Und wenn Du neunzig wirst, werde ich über hundert Jahre alt sein. Dann werden wir gemeinsam einen Artikel über die Jugend schreiben.

Laß Steffi grüßen.* – Sozusagen, ich lasse sie grüßen und sehr damenhaft und zurückhaltend. Sie wird mir klar machen, daß das ein Brief war, Herrgott sakra noch mal!!!

Einen Brief von der Steffi will ich. Einen Brief! Sonst sage ich, hab mich gern! Und bald, ausführlich, sentimental, lang und sofort! Das täte Dir so passen, Peperl, anderthalb Seiten einen Brief zu nennen! Das gilt nicht! Aus!

Gar so lustig bin ich aber nicht

Milena

Nein, lustig bin ich wirklich nicht.

Ernsthaft Willi? Du fragst, ob ich Dich auch weiter gerne haben werde und Dir »treu bleibe«, auch wenn Du in Amerika sein wirst? Das meinst Du sicher nicht ernst, Willi. Ich kann Dir die Frage nicht beantworten, ich kann es wirklich nicht. Ich bin mir auch sicher, daß es nicht nötig ist.

Honza grüßt Euch, Evžen auch. Er bekommt sicher den Paß nicht so rasch und ist traurig, sehr traurig deshalb. Von mir ist es gemein, daß ich allein komme – aber ich komme eben. Einen »Vorschuß« aufs Leben, kurz, ich komme bestimmt. Ich muß Euch noch sehen.

* Nach diesem Satz schreibt Milena auf deutsch weiter.

Mein lieber Willi,

ich weiß wirklich nicht, warum Du in Dein Schicksal so viel hineinredest. Hätte ich nur die kleinsten Zweifel, daß Du das Visum nicht bekommst, hätte ich das doch eingerichtet! Dann: ich habe Dir telefoniert und geschrieben, daß Du selbst hingehen sollst und jemanden mitnehmen sollst, der französisch redet! Statt einfach zu gehorchen, schreibst Du hin und her, überlegst telegrafisch, par avion, express und erst zum Schluß machst Du, was ich gesagt habe und noch nur zur Hälfte! Du hast – in engeren Kreisen – das zu tun, was Steffi sagt. In weiteren Kreisen das, was ich sage. Diese Peilungen genügen doch vollständig. Jammern kannst Du natürlich. Sonst [hast Du] aber genau den Weisungen zu folgen, ja?

Übrigens sage ich Dir etwas Merkwürdiges: ein gewöhnlicher Brief kann hier nicht früher als den dritten Tag sein. Wenn Du in einem Kursbuch nachschaust, wirst Du mir recht geben. Ein Flugpostbrief kommt nächsten Tag an. Ein Flugpostbrief express wird den gleichen Tag ausgetragen. Ein Flugpostbrief, den ich Montag bekomme, glaubst Du natürlich schon Sonntag in meinen Händen. Also die Differenz zwischen Wunsch und Wirklichkeit ist an Deiner Seite ein Tag. An meiner natürlich mehrere. Ich möchte nur ein für allemal diese Relativität der Postsendungen feststellen. Außerdem erlaube ich mir, Dich aufmerksam zu machen – wenn auch überflüssig –, daß derselbe Brief, um zwei Tage früher aufgegeben, mit gewöhnlicher Post, genauso ankommt, wie der Flugpost-Expressbrief, der zwei Tage später aufgegeben wird. Es ist nämlich wegen dem Porto.

Jetzt fühlst Du Dich natürlich einmal wieder schrecklich mißhandelt? Es ist überhaupt schwer: schreibe ich Dir čechiš, sagst

Du, daß Du nicht antworten wirst, »denn wie kann man das« – man kann, Willi! – und schwebst graziös über eine Menge ernster Fragen. Schreibe ich deutsch, schreibe ich doch nur die Hälfte – ja, ich weiß, auch die genügt, aber sie ist miserabel gesagt – und außerdem fühlst Du Dich mißhandelt.

Im übrigen kann ich deutsch schreiben, nur wenn ich gut gelaunt bin, das sieht aber im Brüssel böse aus. Wie soll ich also diesen Problem lösen? Deutsch bin ich ein nüchterner, bissiger und gut gelaunter Mensch. Čechiš bin ich sentimental und »furchtbar wahrheitsliebend«. Was ist Dir lieber?

Ich weiß nicht – vielleicht haben wir hier schon alle einen bösen »Humor«, einen Galgenhumor. Kein einziger Mensch ist normal, glaube es mir. Wir sind schrecklich müde, ununterbrochen dasselbe zu hören, immer das gleiche mitzumachen. Im März waren die Menschen aufgeregt. Heute sind sie es nicht mehr. Im Mai haben sie Lust gehabt zu gehen. Auch die ist heute etwas müder – nicht der Mut natürlich, nur der Elan. Wir haben alle Ohren voll von Kriegsgefahr – wir denken gar nicht mehr daran, ob es eine wirkliche oder scheinbare Gefahr ist. Man kann einfach nicht den ganzen Tag darüber grübeln. Leute schwimmen, tanzen, lesen Zeitungen, gehen ins Kino – und lassen nach. Es ist einfach furchtbar, wie wenig ein Volk machen darf und kann. Wir alle sitzen hier und warten. Zeitweise tun wir, als ob nichts wäre – dann immer häufiger, dann fast immer. Wir tun einfach als ob. Ich bin sehr überzeugt, wir alle werden sehr erstaunt sein, wenn ein Krieg kommen sollte. Käme aber der Krieg, wird es furchtbar sein. Es werden Bomben fliegen, und viele Menschen werden sterben. Und dann werden die,

* Walter Runciman (1896–1949) bereiste im Sommer 1938 die Tschechoslowakei, um sich als »unabhängiger Berater« der englischen Regierung über die dortige Situation zu informieren.

welche nicht sterben, ins Kaffeehaus gehen, ins Kino, die Frauen werden eingemachtes Obst kochen, die Kinder – ja, die Kinder …? Im ganzen weiß man nicht, was los ist. Niemand weiß es. Lord Runciman* fischt und jagt. Das ist das einzige, was man weiß. Es ist immer eine große Sorge, ihm einen passenden Weekend zu finden: nicht zu deutsch und nicht zu čechiš, mit vielen Fischen und vielen Hirschen, ein Schloß und etwas Adel im Hintergrund. Auf den Landstraßen, wo er fährt, stehen scharenweise Menschen. »Einfache Menschen«. Sie lassen die Arbeit stehen und gehen sich den Lord anschauen, den Lord, von dem so viel abhängt. Es ist etwas ergreifendes daran: die Menschen tun mir furchtbar leid. Auch ich habe manchmal eine große Angst. Nein, wenn es Krieg geben sollte, kommst Du natürlich nicht zu uns. Dann sterben wir allein. Aber man stirbt wahrscheinlich immer allein. Es ist sehr gut, Willi, daß Du draußen bist. Und daß Du gerade nach Amerika fährst. Das kann uns viel mehr helfen, als alles, was Du hier machen könntest.

Denn es ist eine Mausefalle hier. So oder so – einmal werden wir doch zugrunde gehen. Ich sehe keinen Ausweg. Es kann einfach nichts Gutes mit uns geschehen. Wie und was auch kommen mag – wie sich die Dinge auch entwickeln – siehst Du eine Möglichkeit des guten Lebens, Arbeitens und Schaffens für dieses Land? Ich nicht. Ich bin nicht pessimisisch »auf die lange Sicht«. Aber alles, was in kurzer Sicht geschehen kann, ist nicht gut für uns. Der berühmte Friede kann wahrscheinlich nur dann erhalten werden, wenn Tschechoslowakei aufgegeben wird. Oder wird der Friede nicht erhalten – und auch dann wird Tschechoslowakei zugrunde gehen. Ich glaube, es ist nicht gut, so etwas zu glauben – aber alle Menschen denken fast dasselbe. Es ist ein giftiger Gedanke. Alles, was wir machen und arbeiten, ist vergiftet durch die Sicherheit, daß ein Wunder geschehen müßte, wenn wir am Leben bleiben sollten. Und wer glaubt schon an Wunder? Ich habe Dir so oft gesagt, daß ich so sehr müde bin. Alle sind wir es. Ich sehe keine Möglichkeit, etwas Nützliches zu tun. Wenn ich Honza anschaue, bin ich manchmal verzweifelt. Wenn ich fremde Kinder sehe, bin ich manchmal ganz lebensmüde. Im Kino läuft eine Reklame für Kindergasmasken – ich kann Dir einfach nicht sagen, wie beängstigend die Geschmacklosigkeit dieser Reklame ist. Man wird zugrunde gehen, ohne zu wissen, woran man zugrunde gegangen ist.

Es sind angeblich große Differenzen oben – zwischen H. und B.* H. soll alles zugestanden haben – B. hat erklärt, daß er eher abdankt, als diese Zugeständnisse zu billigen.

Ich habe Dir Geld nachschicken lassen, das Du von Schweiz bekamst. Hast Du es bekommen? Die Post für Briefe ist nicht dieselbe, wie für das Geld. Ich habe dort Deine jetzige Adresse gegeben. Und die schweizer Sendung habe ich gerade aufgefangen und direkt Dir geschickt. Soll ich, bis Du die Adresse änderst, sie auch hier noch angeben für den Fall, daß noch etwas käme?

Gute Nacht, Willi! Gute Nacht, Steffi. Gute Nacht, Peperl!

(Im Original deutsch)

12.8.38

Du armer verlassener Willi!

Ich hoffe nur, daß Dich in Amerika die Kindnapper nicht stehlen – »alles kannst Du von mir haben, nur das Lösegeld

---

* Milan Hodza, Ministerpräsident der Tschechoslowakei. Eduard Beneš, der Präsident.

nicht«!! Außerdem weiß ich gar nicht, ob Kindnapper die Přítomnost so achten, wie der französische Konsul im Prag. Ich habe überhaupt das leise Gefühl, daß es etwas kompliciert sein wird, Dich in Amerika aus Patschen herauszuziehen zu wollen, und ich mache Dir einen ernsten Vorschlag: willst Du Herrn Dieterle nicht überzeugen, daß Du mich zu Deiner persönlichen Sicherheit in Amerika dringend brauchst? Schau, Lindbergh hat auch Verschiedenes für seine Sicherheit getan. Ich bin doch ganz bestimmt ein erprobtes Schutzorgan für Willi / im Pass steht Sigmund / Schlamm. Warum soll ich, zum Teufel, hier bleiben? Wie soll ich Dich von hier aus schützen? Geschieht Dir recht.

Also: das prager französische Konsulat hat gestern einen Brief an das brüsseler französische Konsulat geschickt – ich habe es per avion express / 9 Kč! / aufgegeben. Sie haben dort erklärt, daß Du Korrespondent LN und P* bist, und daß kein Grund vorliegt, Dir nicht das französische Visum zu geben. Hella Poláček hat mit ihnen französisch gesprochen, und ich habe čechiš gelächelt. Es muß schon auf dem Konsulat in Brüssel liegen, und Du kannst es dort holen. Ich rate Dir aber, jemanden mitzunehmen, der französisch redet, was in Brüssel nicht besonders schwer sein kann. Es sind jetzt neue Anordnungen** und niemand – kein Konsulat hat das Recht so etwas anzuordnen, nur das Innenministerium in Paris.*** Es ist eine große Ausnahme, daß sie mir das gegeben haben, und diese Ausnahme ist eben Dein Glück. Außerdem habe ich wirklich bezaubernd gelächelt. Also diese Kleinigkeit wäre erledigt, und ich erwarte Deine weiteren Wünsche. Etwas schwereres, bitte, dieses war ja ein Kinderspiel unter meiner Würde!

*Abkürzungen für »Lidové noviny« und »Přítomnost«.
** Dieses Wort tschechisch.
*** Die letzten drei Worte ebenfalls tschechisch.

Es ist lehrreich, mit Deinen Freunden zu sprechen. Erstens erfährt man, daß sie alle kollektiv eingeladen sind, Dir nachzukommen, und ich sehe mich schon in Brüssel, wie ich mit Reiner samt Frau, Poláčeks, Schwelbs, Fredy Mayer und der Rabinertochter in einem angeregten Gespräch sitze. Wirst Du vielleicht zufällig auch dabei sein? Gott, wie nett! Wirklich? Du wirst von einem zum anderen gehen und flüsternd jeden überzeugen, wie unglücklich Du bist, daß Du nicht allein mit ihm bist? Du wirst jedem sagen, er soll zum Schiff kommen, nur er allein, weil Du das große Bedürfnis hast, ihn noch zum letztenmal zu sehen – und der Schiff wird nicht wegfahren können, weil Deine Freunde Verkehrsstörung sogar am Meer verursachen werden?

Zweitens habe ich festgestellt, daß Du genau dieselben Zeitungen beim lieben Herbert wie beim lieben Evžen bestellt hast. Mein lieber Willi, so betrügt man nicht! Hättest Du mir gesagt, wie Du uns betrügen willst, hätte ich Dir – ich bin doch viel, viel älter – gesagt, daß man ganz anders betrügen muß, wenn nichts herauskommen soll! Hella war natürlich böse und ich habe nur gelacht – weil ich Dir noch keine geschickt habe, nämlich. Hätte ich Dir welche geschickt, wäre ich wahrscheinlich auch böse gewesen. Das Ergebnis dürfte sein, daß Du auch von Poláčeks keine mehr bekommst – ja, es geht immer mit den rechten Dingen zu, mein Lieber. Das hat mein sehr guter Freund immer gesagt, der Štefan, kennst Du den? Ein fabelhafter Mensch. Das verlogenste Aas, was man sich denken kann.

Wenn ich bedenke, daß Du dasselbe bestimmt schon jetzt in Brüssel anstellst und in jeder Stadt, wo Du hinkommst – dann tu' ich mir wahrhaftig leid. Ein Matrose ist ein keuscher Mann neben Dir, der hat in jedem Hafen eine Freundin! Kümmerst Du Dich darum, ob es ein Hafen ist? Nein, das tust Du gar nicht. Hast Du eine Freundin in jeder Stadt? Ich glaube, es gibt einen Menschen auf der Welt, und das ist Steffi, der eine Engelsgeduld hat. Arme Frau! Das alles muß sie mitmachen, alle Deine Freunde anlächeln, mit ihnen sitzen und zusehen, wie sie sich entwickeln ...!

Lassen wir das lieber.

Also Willičku, auf Wiedersehen in einem nächsten Brief. Du wirst lachen, aber ich bin trotz allem doch eine bessere Freundin

als die Millionen anderen. So.

Steffi, Du begreifst mich, nicht wahr? Ich fühle es.

Milena   (Im Original deutsch)

Wie ist es möglich, Willi? Wie ist es nur möglich, daß Du den gutmütigen und lustigen Brief ernst genommen hast? Wie ist nur möglich, daß Du ihn ernst beantwortest? Ich kann Deinen Brief kein zweites Mal lesen, er hat mir zu sehr wehgetan. Ich kann mich auch nicht mehr wortwörtlich daran erinnern, was ich geschrieben habe, jedoch das Wort »Unkeuschheit« habe ich garantiert nicht benutzt. Und doch habe ich kein einziges Wort ernst genommen, Willi? Wenn Du hier wärst, würdest Du lachen, wie Du damals gelacht hast, als ich Dich damit »ärgerte«, daß Du »lügen« würdest und »kokettiert« hättest? Ich hatte ganz einfach Freude, daß es mir so leicht gelungen war – weil ich nämlich, als ich im Konsulat ankam und sah, wie der Mann mit einem österreichischen Staatsangehörigen umsprang, Angst bekommen hatte. Er jagte ihn hinaus und sagte zu ihm: »Marsch hinaus!« Hella hielt mich verzweifelt an der Hand, daß ich nichts zu ihm sage, denn dann hätten wir nichts mehr für Dich tun können. Und als ich nach Hause gekommen war, schrieb ich Dir einen ganz lustigen, zufriedenen Brief, voller Vorwürfe, wieviel Arbeit Du mir bereitest, und wieviele Freundinnen Du hast! Aber Willi! Lies ihn noch einmal durch, ist das möglich, daß ich ihn so hätte schreiben können, daß er Dich beleidigte? Es stand darin kein bißchen mehr, als das, was ich Dir schon hundertmal am Telefon gesagt habe und worüber Du gelacht hast!

Verzeihe mir also, ich wollte es wirklich nicht und hatte gar nicht die Absicht, Dir etwas Böses zu sagen oder Dir etwas vorzuwerfen. Glaubst Du wirklich, Willi, daß ich ein einziges Wort laut sagen würde, wenn ich wirklich Grund hätte, Dir etwas vorzuwerfen? Hast Du mich etwa nicht neben Evžen, Krejcar, Honza gesehen, hast Du nicht bemerkt, daß ich in meinem Leben nie jemandem etwas vorgeworfen habe, selbst, wenn ich Recht dazu gehabt hätte? Daß ich, wenn ich schimpfe, eigentlich lache? Wie ist es möglich, Willi?

Und Willi – ich kritisiere nicht Deine Freunde und habe sie niemals kritisiert. Ich habe doch kein Recht dazu, ich weiß überhaupt nicht, ob ich besser bin als sie. Ich weiß nur, daß ich Dich mehr liebe, als Dich je einer von Deinen Freuden lieben kann – und zwar ganz gewisse –, aber es berechtigt mich zu nichts, und ich erhebe auch gar keinen Anspruch auf das Recht. Wenn ich auch im nachhinein – schließlich ganz gutmütig über sie herzog, war es immer nur deshalb, weil sie für mich das ewige Hindernis waren, Dich nicht zu erreichen. Heute, da ich schon weiß, daß ich Dich nie mehr sehen werde, werfe ich mir vor, nicht mit allen, die Dich mögen, um jedes Stündchen, um jedes Wort gerungen zu haben sowie um jedes Rendezvous mit Dir; zu leise gewesen zu sein und eigentlich niemals gesagt zu haben, wie sehr ich Dich im Leben brauche, weil ich zu viel Angst hatte, daß Du mit jemand so Unbedeutendem, wie ich es bin, nicht allzu gerne und zufrieden zusammen sein könntest;

daß ich zitterte, Dir nichts Neues mehr sagen und nicht allzuviel für Dich tun zu können; und daß ich viele Stunden verlor – ebenso wie ich im Leben alles verloren habe: aufgrund meiner völligen Unfähigkeit, um etwas zu ringen, etwas zu erhalten, das nicht vollkommen freiwillig gewesen wäre. Du schreibst: als Du hörtest, daß ich geweint habe, »schien es Dir, daß ich Dich ein bißchen gern habe?« Willi, ich werde Dir etwas sagen, aber quäle mich nicht mehr. Ich hatte niemanden auf der Welt so gern, wie ich Dich habe. Ich habe mich im Leben von nichts so schwer gelöst wie von Dir. Ich fürchte mich morgens vor dem neuen Tag und abends vor der neuen Nacht. Jeden Tag erwarte ich, daß es etwas nachläßt, daß es aufhört zu schmerzen. Nichts hört auf. Weiß Gott, wozu es Dir wichtig, wozu es Dir bedeutend sein kann, wozu es Dir gut sein kann, aber ich liebe Dich mehr, als Du im Leben an Liebe verbrauchen kannst. Du kannst nicht einmal ein Hundertstel, ein Tausendstel dieser Liebe verbrauchen. Quäle mich bitte nicht. Ich denke, Du weißt nicht, wie tapfer ich in den letzten Wochen gewesen bin. Du weißt nicht, wie allein ich mit der Tatsache bin, daß ich Dich gern habe, wenn ich etwas Krummes, Krampfhaftes oder Unwahres schreibe – denke daran, Willi, wie geradlinig und aufrichtig mein Verhalten war. Weißt Du, manchmal wundere ich mich, woher meine kaputten Nerven soviel Widerstand nehmen und wie ich es eigentlich fertig bringe, daß ich überhaupt arbeiten, mit Menschen sprechen, denken kann. Manchmal passiert es mir, daß ich mit Menschen spreche, und plötzlich laufen mir Tränen aus den Augen. Manchmal sitze ich bis tief in die Nacht verzweifelt über der Arbeit, weil ich den Eindruck habe, nie damit fertig zu werden.

Ich sollte Dir einmal im Zusammenhang erzählen, wie Du in mein Leben getreten bist und was es für mich bedeutete. Aber es ist nicht notwendig. – Es ist überhaupt nicht notwendig –

aber verzeihe mir, wenn ich einmal etwas schreibe, was anders klingt, als es klingen will. Du bist doch kein Mensch ohne Phantasie, Willi, überlege nur, wie empfindlich ich auf alles reagiert hatte, auf alles, was Dich betraf, denke ein bißchen an mich, Willi, und vielleicht wirst Du begreifen, daß es unglaublich schwer ist, ungeheuerlich schwer, wie ein Sack voller Steine, wie die Welt ganz aus Steinen. Jeder Mensch bezahlt für alles, was in seinem Leben schön war, und ich habe mich nie gewehrt, wenn ich zahlen sollte. Wahrlich, Willi, ich habe nie so viel bezahlt wie für Dich, weil noch nie etwas so weh getan hat wie das, daß Du nicht da bist. Du darfst Dich nicht ärgern, wenn ab und zu etwas knirscht.

Du weißt doch, ich liebe die großen Worte nicht, und Du weißt sicher auch, daß ich eher weniger als zuviel sage. Du kannst mir sicher vieles vorwerfen: ich bin im Grunde genommen eine alte Frau, die gerne springen möchte, aber einen verkrüppelten Körper hat, und die, auch wenn sie sich wehrt, wohl viel Bitterkeit in sich trägt. Möglicherweise sieht es auch dann häßlich, böse und unangenehm aus, wenn es nicht so gemeint ist. Aber eines darfst Du mir nie mehr vorwerfen, Willi, das wäre schlimmer und ungerechter als der taktloseste und verkrampfteste Witz: Du darfst nie mehr sagen, daß ich Dich nicht gerne genug habe.

Und nun, was Deine Freunde betrifft? Wie kannst Du glauben, ich lachte, wenn Du sie alle einladen würdest? Wie kannst Du glauben, daß Du ungeheuer sensibel zwischen verschiedenen Menschen unterscheiden kannst? Wie kannst Du überhaupt glauben, daß ich über Dich lache? Immer, Willi, ohne jegliche Ausnahme, immer wenn ich Dich mit meiner giftigen Schärfe verletzt hatte, habe ich über mich selbst gelacht. Wieso weißt Du das nicht mehr? Was weißt Du eigentlich über mich, wenn Du das nicht weißt? Wieso weißt Du nicht, daß es mir schrecklich, unerträglich schlecht geht, wenn ich scharf und bissig bin? Hast Du es nicht schon hundertmal gesehen? Weißt Du nicht, daß es eine Form des Weinens ist und sonst nichts? Willi, und Du bist doch aus Wien? Es ist schon sehr lange her, daß ich mich daran gewöhnt habe, scharfe Kritik zu üben, wenn mir etwas weh tut. Wenn in dem Augenblick jemand zu mir käme und etwas Nettes sagte, würde ich wahrscheinlich anfangen zu weinen. Jedesmal konnte ich zu meinem Erstaunen feststellen, daß ich Dich damit verletzt hatte.

Du mußt schon manchmal Geduld mit mir haben, das ist alles. Und dann: ich habe wirklich nicht die Sprache zur Verfügung, in der ich Dir schreiben könnte. Wenn ich tschechisch schreibe, habe ich den Eindruck, daß Du mich nicht verstehst, und wenn ich deutsch schreibe, habe ich den Eindruck, daß ich nicht das schreibe, was ich schreiben will. Und so schieben sich Tausende von Kilometern zwischen die Menschen.

Was die Arbeit anbelangt, kannst Du Dir nicht vorstellen, wie schwer sie geht. Ich sitze den ganzen Tag im Büro, und meine übrige Arbeit erledige ich in der Nacht. Peroutka wird Ende des Monats kommen. Seine Gleichgültigkeit gegenüber der Arbeit stört mich kolossal. Was Evžen anbelangt, habe ich den Eindruck, daß er einen Rückfall hat, er verkehrt mit den Leuten aus der Partei, meidet Přítomnost. Er sprach mit Pepek und Kalandra – und versprach, daß er in die Slowakei fahren wird – für die IV. Internationale. Das ist nicht zum Lachen, es ist zum Weinen. Das war auch das erste Mal, daß ich energisch sagte: du wirst nicht fahren. Seine unbegreifliche Orientierungslosigkeit macht mich so traurig und ist merkwürdig: er spricht mit verschiedenen Menschen, ich habe den Eindruck, daß er immer etwas sucht, er ist sehr sensibel und traurig. Er kann keinen Boden finden. Es geht schon wieder etwas besser, aber als wir zurückkamen, war es ziemlich schlimm.

Darüber könnte man schreiben, und Du solltest das tun, Willi. (Aber warum soll ich Dir Themen vorschlagen, wenn Du sie doch nicht aufgreifst.) Man sollte über Hitlers Methode schreiben, die Menschen so lange in Angst und Schrecken zu versetzen, bis sie sich daran gewöhnt haben. Das ist so wie in Madrid, wo die Menschen unter den Luftangriffen leben und in die Kinos, Kaffeehäuser und auf die Märkte gehen. Täglich verrecken ein paar Hundert dabei. Man gewöhnt sich an alles. Man gewöhnt sich sogar an die Drohungen, die uns am Anfang so absurd vorkamen. Man verliert nicht die Nerven, man stumpft ab. Das kann ein, zwei, drei Jahre dauern. Selbst der stärkste Mensch muß einmal nachgeben. Denke zum Beispiel an die Stimmung der Menschen beim Anschluß! Wie gierig lasen sie die Zeitungen. Wie verzweifelt waren sie! Und heute, wenn eine Million Soldaten an der tschechischen Grenze steht, dreht sich niemand um. Das sind natürlich weder gute Nerven noch Mut. Es ist nur Müdigkeit, schreckliche, verzweifelte, nagende Müdigkeit. Und Du hast ganz recht. Dann kommt doch das, was man fast nicht glaubt. Solange droht man, bis man es macht. Schreibe darüber, Willi. Neue Methoden der deutschen »Diplomatie« und psychologische Zertrümmerung der Menschen.

Peroutka sprach neulich lange über Dich. Er sagte, daß Du der erste Mensch seist, der aus Prag wegging, einen Vorschuß kassierte und wirklich schreibt. Er findet das ausgezeichnet – und es ist auch ausgezeichnet, was Du schreibst. Přítomnost braucht es sehr, glaube mir. Peroutka sagte auch: vielleicht verlieren wir ihn doch nicht! Und er sagte es sehr schön, ja wunderschön. Und dann sagte er, du wärst der anständigste Mensch, den er kenne. Er ist sehr froh, daß Du schreibst, schreib weiter, Willi.

Und wie ist es mit dem Geld? Brauchst Du? Ich meine, ich kann Dir ohne Schwierigkeiten etwas schicken, denn die Tatsache, daß Du weggefahren bist und doch schreibst – was uns bis jetzt noch nicht passiert war – hat den Glauben, daß jeder nur einen Vorschuß kassiert und nichts schickt, gebrochen. Wenn Du Geld brauchst, schreibe, ich kann es einrichten.

Dann schreibe mir bitte genau, welche Zeitungen Du brauchst. Evžen behauptet, er wüßte es, aber ich würde es gerne selbst wissen. Schreibe es mir in die Redaktion sehr ausführlich und schnell.

Wenn jetzt Richter zurückkommt, werde ich weniger Arbeit haben und mehr Zeit zum Lesen. Dann werde ich auch wissen, was ich Dir schicken werde außer dem, was Du Dir wünschst. Aber schreibe es mir bestimmt, Eselchen.

Und das Flugzeug, das runterfiel? Wie leicht hätte es drei Wochen vorher runterfallen können? Es saßen Menschen drin wie Du. Genau solche – Emigranten, die nach Amerika flogen. Es war mehr als traurig. Es ist übrigens alles mehr als traurig. Aber als ich die spanische Blockade sah, begriff ich, daß auch Herr Dieterle Dich sehr gut gebrauchen kann. Zu seinem guten Willen, nach dem amerikanischen Humbug, kommst Du wie ein Geschenk des Himmels.

Und Willi – ich weiß nicht, wie es mit meiner Ankunft sein wird. Jetzt ist überhaupt nicht daran zu denken, niemand von uns darf weg. Jeder wartet, ob nicht doch etwas passiert. Und dann: mit dem Flugzeug kann ich nicht kommen, ich habe kein Geld. Ich habe überhaupt wenig Geld. Und mit dem Zug will man mich nicht lassen. Peroutka sagt, er wird mich nicht wieder aufnehmen, wenn ich fahre, was natürlich Unsinn ist, aber er würde doch ernsthaft böse sein. Er behauptet nämlich, man würde mich zu einer Agentin machen. Evžen will nicht zulassen, daß ich fahre, solange Manöver sind. Ich weiß nicht, wie es sein wird.

Sei mir nicht böse, ich wollte Dir nicht wehtun.

Und wenn Du kannst, arbeite. Wir brauchen es sehr hier. Jedes Wort von Dir brauchen wir.

Grüße Steffi, ich wünsche ihr viele schöne Dinge, und ich denke an sie genauso viel wie an Dich. Jeden Tag und jede Stunde. Sage ihr, daß ich endlich meine Mütze verloren habe. Als ich es merkte, erschrak ich, weil mir sofort einfiel, was Steffi dazu sagen würde: ich bitte sehr, sie soll nicht böse sein.

Ich warte auf einen Artikel von Dir.

Und siehst Du, dabei passieren solche Dinge: ich gehe in die Administration, um Deine Adressenänderung in Brüssel zu melden, und das Fräulein sagt: die haben sie schon! Wie kommt es denn, daß Sie sie schon haben? Herr Schlamm hat sie telegrafisch durchgegeben! Telegrafisch? Warum? Ich wundere mich. Ja, Herr Schlamm telegrafierte, er fahre zurück nach Prag und wir sollen ihm die Zeitung zu seiner alten Adresse schicken. ... Jesus Maria, gnädige Frau, was ist mit Ihnen? Fühlen Sie sich unwohl? Ich dachte wirklich, ich falle in Ohnmacht. Und dann kam heraus, daß Herr Schnabl und nicht Herr Schlamm telegrafiert hatte. Solche Scherze machen die Menschen.

Willi, keine Mißverständnisse mehr, bitte! Wieviele hat es in den letzten Monaten gegeben! Wie ist das möglich? Ich kann doch nichts tun, was Dich schmerzte, und ich kann nichts sagen, was Dir weh täte. Und wenn ich das doch tue, dann ist es ein Irrtum, Willi, glaube es mir.

Milena

Prag, am 19. 8. 1938

Lieber Willi,

halte bitte dieses Schreiben nicht für einen Brief, sondern
nur für eine geschäftliche Mitteilung. Wir brauchen schnell
einen Artikel über die Methoden der deutschen Diplomatie
(Provokationen, »Propaganda«, eventuell Wiedemann und vor
allem das Mürbemachen des Gegners durch ständige Drohungen). Münzer hätte es schreiben sollen, er fährt aber weg;
und er schickte mir eine Notiz, die nicht genügt. Wenn ich es
am Montag abend erhielte, könnte ich es noch in diese Nummer aufnehmen. Es muß nicht lang sein. Bitte schicke es.
Herzlich grüßt

Milena

[Ende August 1938]

Das ganze Jahr – ja, es ist nur ein Jahr, Kinder! – habe ich geschworen, daß ich niemals, niemals, niemals Deine Sekretärin
werde, und wenn ich verhungern sollte. Jetzt bin ich es scheinbar doch geworden, und verhungern werde ich obendrein –
falls ich alle Zeitungen, die Du dringend brauchst, schicken
soll, muß ich ja verhungern und das arme Kind natürlich auch.
Daß ich mir monatlich Geld vom Schwelbs abhole, das glaubst
Du natürlich selbst nicht.

Sonst habe ich aus dem Brief nichts – aber gar nichts verstanden. Hoffnungslos / zwei ff, nicht? / Die Geldtransaktion
überlasse ich Richter. Er kommt Anfang September. Geantwortet hat er deshalb nicht, weil er ein normaler Mensch ist,

und schwimmt oder Schwämme sucht, ohne daran zu denken, einen Brief zu schreiben. Nicht jeder ist so hoffnungslos in Dich verliebt / weder verliebt, noch hoffnungslos, was noch schlimmer ist / wie wir. / Beziehungsweise ich: /

Kinder, bitte, jetzt setzt Euch und hört zu: Evžen ist aus der Partei ausgeschieden. Wegen – Mitgliedsbeiträgen, die nicht gezahlt sind. To bysme teda měli.* Dabei ist es ihm ganz egal: ich denke nach – es liegt schon in meiner Natur, unnütz nach-zudenken, ich bin ja aus Wien – ob ich böse sein soll, oder mich freuen soll, daß es ihm egal ist? Er sollte doch eigentlich un-glücklich sein? Wenn er nicht unglücklich ist, warum sich so dumm behandeln lassen, warum nicht selbst handeln? Ja, liebe Kinder, die menschliche Seele / die ungarische auch / hat so tiefe Abgründe, daß es unsereinem nur so vor den Augen schwirrt. Jedenfalls geht Evžen – nach wie vor – abends mit den Genossen mariáš** spielen.

Dein Brief, Willi, über das Geld und viele andere Anweisun-gen, lese ich morgen noch einmal. Auf einmal kannst Du das nicht von mir verlangen. Ich wüßte nicht, warum ich das so wahnsinnig kompliziert machen sollte: den Vorschuß stehen lassen und die Honorare schicken, wozu? Ich schicke Dir ein-fach 2500 Kčs – 3000 Kčs und werde Dein Konto bewachen wie immer, nicht? Ich reiche morgen um die Einwilligung ein, warte bis Du mir die pariser Adresse schickst und sende das dann sofort. Wenn Richter irgendein Geld bei Dir einzukassie-ren hat – nämlich für Dich – wird er das auf Dein Konto geben. Das wird sogar großartig ausschauen. Schreibe mir nur immer, wieviel Geld Du brauchst, die Gedankensprünge darüber kannst Du auslassen.

* »Das hätten wir also.«
** Ein Kartenspiel.

Deinen Artikel habe ich übersetzt – aber nur den einen. Der andere kam Montag, und ich hatte keine Zeit, es zu übersetzen. Du wirst lachen – aber ich habe sehr viel zu tun, und es geht mir sehr schlecht. Schlecht? Hundselend. Der andere kommt in die nächste Nummer. Die anderen Artikel – da muß ich einfach warten, bis Peroutka nach Prag kommt. Die letzten zwei Wochen kommt er gar nicht her, er schickt mir einen Brief – und aus. Es geht herrlich ohne ihn. Alles klappt, Menschen arbeiten wie rasend, Korrekturen sind fertig und Dienstag abend ist die ganze Nummer draußen. Es ist allerdings ein wenig ermüdend.

Peroutka kommt Dienstag / 30. 8. / nach Prag. Dann werde ich mit ihm »Ordnung machen« und auch hören, ob er etwas aus Deinen Artikeln zurückgibt. Aber eines ist zu bedenken: nachdem Du auch für LN arbeitest, bist Du nicht mehr ein freier Journalist, sondern ein Angestellter des Borový-Verlags-Konzerns. Ich glaube nicht, daß Du das Recht hast, auch anderswohin zu schreiben. Wenn Du auch das Recht hättest – weil Du noch nicht für Pauschale arbeitest – würde es Dir bestimmt nur schaden, weil Du doch gerade diese Pauschale anstrebst – nicht? Ich glaube, Du wirst mehr verlieren als gewinnen, wenn Du anderswohin schreiben würdest: und nun kommt das seltsame, Willi: ich möchte nicht, daß Du auch für andere Blätter schreibst. Du bist unser Mann. Mit Erstaunen sehe ich, daß meine Liebe zu Deiner Arbeit größer ist als meine Liebe zu Dir. Ich will nicht, daß Schlamm, Štefan etc. anderswo erscheinen. Es ist das Beste, was Přítomnost hat. Ich gebe es nicht her. Sei mir nicht böse, Willi, aber wenn Du Deine Artikel irgendwo anders unterbringen willst – auch die eventuell ungerecht zurückgewiesenen – muß es ein anderer machen. Ich werde es nicht machen. Abgesehen rate ich Dir davon ab, bis Deine Stelle bei Lidové N. fester sein wird. Das hat aber miteinander nichts zu tun – das sind zwei Sachen. Ich glaube, Willi, ich werde meine Arbeit aufhören zu lieben, wenn Deine Artikel in einem anderen Blatt erscheinen. Es wäre nicht mehr die Přítomnost, die ich als meine Arbeit betrachte – als ein Stück von mir selbst, als das kleine Wenig, was ich tun kann, wenn ich das Beste aus ihr – nicht für Přítomnost ganz und gar gewinnen kann. Es ist natürlich eine Geldfrage, ich weiß. Aber ich pfeife drauf. Ich werde auf keinem Fall mit dem Finger rühren, damit auch andere Zeitungen etwas von Dir drucken können. Tut mir sehr leid. Aber es geht nicht.

Wenn ich lache und schimpfe, bist Du böse? Also, ich mache doch die Sekretärin, ja?

Und noch etwas, Willi – ich brauche eine sechziger Marke. Sehr dringend. Und ich weiß gar nicht, ob ich kommen kann – natürlich kann ich nicht, nur weiß ich nicht, ob ich trotzdem doch nicht komme. Ohne Geld, ohne Hut – sehr verlegen natürlich, Steffi – von zu Hause durchgebrannt, weil lassen tun sie mich nicht – durch drei Konzentrationslager direkt nach Paris …? Gut, wir werden ja sehen.

Es ist nur eines sachlich zu überlegen: ob ich diesen Abschied noch einmal durchmachen soll, wenn ich ihn schon überstanden habe – merkwürdigerweise.

Peperl*, Du hast mich gar nicht mehr gern.

Milena   (Im Original deutsch)

---

* Kosename für Steffi Schlamm.

Fragment

[...] Kerl er ist und wie leer ohne ihn die Arbeit und die Welt ist – er ist so eingebildet, wie kannst Du nur glauben, ich würde ihn bestärken und Dein Erziehungswerk stören?

Ich habe furchtbar viel zu tun, Prag ist wieder sehr aufgeregt, Peroutka pflanzt Blümlein, Deine Artikel sind weitaus das Beste, Wichtigste, Steffi – nämlich Willi – die P. hat. Ich brauche sie dringend.

Bitte weiter schreiben. Die Deutschlandmanöver und Manöver in Deutschland? Nichts ist »unmöglich«, das Wort »unmöglich« existiert nicht, aber es existiert doch sogar für Hitler? Ist das ein Thema?

Ich schreibe heute noch sehr ausführlich (gib Dir in das Wort irgendwohin »l« hinein, ich weiß in Eile nicht wohin.) Und was ist mit dem [...] mit Briefen, Steffi, soll ich Dir eine Grammatik für 5. Klasse Volksschule schicken? Ich liebe Dich, Du liebst mich, er liebt ... das kannst Du nicht schreiben? Einen Brief, Hergott noch einmal!

(Im Original deutsch)

[29. 8. 1938]

Es tut mir sehr leid, Willi, daß ich nicht schreiben kann. Ich habe irrsinnig zu tun, viele Sorgen und viel wirkliche Wut auf Peroutka. Morgen kommt er.

Also nur im Telegrammstil:

1.– Deinen Artikel zeichne ich nicht Schlamm, weil ich glaube, es hat Zeit, bis Du draußen bist. Gar so draußen bist Du ja noch nicht. Es wäre überflüssig, jetzt Unannehmlichkeiten zu haben.

2. – Die Bewilligung, Geld zu schicken, dauert 3 Tage. Es muß aber die Adresse angegeben sein. Außerdem: es muß Deine Adresse und unter Deinem Namen sein, also Willi Schlamm und nicht Steffi – Schreibe bitte sofort, wie ich es einrichten soll?

3. – Bei Flugpost nehmen sie keine Drucksachen. Die Přítomnost hätte 16 Kčs gekostet. Ich hätte sie sicher sehr gerne auch so geschickt, nur habe ich sie nicht gehabt.

Vom Verlag wollen sie es nicht par avion schicken. Also nächstens – falls ich 16 Kčs habe. Du glaubst mir sicher, Willi, daß ich für Dich mein Geld lieber ausgebe als alles andere auf der Welt. Ich habe es nur nicht. Honza, Schule, Bücher, Kleid für sie – usw.

4. – Ich habe Dir diese 2 Broschüren geschickt. Es ist ein Material, das die jedem Abgeordneten in England schicken. In Prag ist es nicht zu haben. Ich bekam es von Sebekovský persönlich, weil ich ihm sagte, ich will dagegen schreiben. Eigentlich ist es für Peroutka, aber der pflanzt Blümlein. Ich weiß natürlich nicht, ob man überhaupt darüber schreiben soll – Du wirst ja sehen.

5. – Ich habe etwas Unangenehmes getan – ungern, Willi.

Kalmer* ist gekommen aus dem Konzentrationslager direkt zu mir. Als ich nach Wien kam, war ich ein kleines Mädel, konnte kein Wort deutsch und hatte keinen Heller. Polak ließ mich in der fremden Stadt auf dem Bahnhof allein – ich wußte ja nicht, daß Du und Steffi dort seid – und ging zu seiner Geliebten. Kalmer war damals der einzige Mensch, der mir half – ohne von mir was zu wollen. Ich kann es ihm nie vergessen natürlich. Ich hatte damals niemanden auf der Welt. Und jetzt ist er da, ist ganz grau und sieht schrecklich aus. Ich habe ihn lange lange gesprochen und als die Rede auf Euch kam – er wollte Hilfe von Dir für die Ausreise nach Amerika – rutschte

---

* Josef Kalmer (1898 – 1959), Wiener Journalist, emigrierte 1938 nach London.

mir heraus, daß Du nicht gut auf ihn zu sprechen bist, weil Du nicht seine Haltung von 34 billigst. Ich habe es sofort bereut und bitte, verzeihe es mir. Aber scheinbar bist Du nicht der Mensch, der etwas nicht offen sagen kann. Ich habe ihm auch sofort Deine Adresse gegeben, er wollte Dich gleich fragen, was Du gegen ihn hättest, bitte, sei nur freundlich zu ihm. Erstens hat er mir – wenn nicht das Leben, so wahrscheinlich den Strick – gerettet. Zweitens hat er jetzt viel durchgemacht. Und mir verzeihe es, ich bitte sehr darum.

6. – Ich habe eine Menge Zeitungen für Dich da. Ich sende sie morgen.

7. – Ich sprach lange – fast die ganze Nacht mit Moravec*.

Er hat sich so bitter über Peroutka beklagt, daß ich schweigen mußte. Er läßt Dir sagen, daß Du der einzige bei Přítomnost bist, der politische Richtung, Haltung und Rückgrat dort vertritt – außer mir hat er höflicherweise gesagt. Es gilt Dir sicher mehr, als wenn ich es sagte – und ist auch sehr wichtig. Ich schreibe es Dir deshalb, Willi, – weil ich, nein, weil Přítomnost Dich braucht. So sehr, so sehr Willi.

8. – So, wie es aussieht, komme ich wahrscheinlich nicht. Ich kann nicht weg, solange man hier über Krieg nachdenkt. Ich liebe Honza nicht mehr als Euch – aber ich gehöre zu ihr. Das ist mehr.

9. – Ich glaube, ich komme doch um. Es geht einfach nicht ohne Euch. Mein Gott, hab ich Euch gern – warum habt ihr das nicht hier gemerkt?

So. Und nächstens schreibe ich einen Brief. Bis ich ausgeschlafen bin.

Gute Nacht, auch für Steffi, die so häßlich zu mir ist.

---

*Emanuel Moravec, rechter tschechischer Politiker, kollaborierte 1939–45 als Kultusminister mit der deutschen Besatzungsmacht.

Bevor ihr Europa verlaßt, wird ihr noch anrufen? Aber nicht mogeln – auf meine Rechnung. Damit ich »sprechen« kann.

Milena   (Im Original deutsch)

1. September Reichenberg

Also wieder hier, Willi. Es ist ganz merkwürdig. Wie lange ist es schon? Zehn Jahre? Zwanzig Jahre?

Du antwortest mir gar nicht auf meine Briefe. Manchmal erwische ich eine Antwort in den Artikeln. Sonst kein Wort. Liest Du sie überhaupt?

Ich habe Deinen Brief in die Redaktion knapp vor der Wegreise bekommen. Es ist eine wunderbare Hilfe einen so frischen Brief von Dir zu haben, Willi. Ich danke Dir sehr dafür. Ich danke Dir aber auch für mehr – ich danke Dir für die Zeitschrift diese Woche.

»Wenn Du etwas Schönes siehst – ich schenke es Dir«, hat mir ein Mensch geschrieben, den ich mehr als alles andere auf der Welt liebe. Vielleicht ist es falsch gesagt – nicht mehr als alles andere, sondern: den ich einzig auf der Welt liebe. Nun, diese Woche habe ich etwas Wunderbares gesehen und das war Deine Arbeit, Dein Verantwortungsgefühl für die Zeitung = für uns alle. Und außerdem habe ich in der vergangenen Woche einige Diskussionen mit Pepek, Záviš, Miro etc. gehabt, die mich sehr aufgeregt haben. Es hat sich gerade um die Frage gehandelt, »daß Deutschland genau so imperialistisch sei wie Frankreich«. Ich habe heftig widersprochen und als ich nach Hause kam – war Dein Artikel da. Eine Antwort auf meine Frage und eine Hilfe in der Einsamkeit.

Richter ist wieder da – ich habe ihm aufgetragen, Dir Geld zu überweisen, er wird es bestimmt sofort tun.

Ich möchte, Willi, von Dir hören, was Dir lieber ist: wenn ich deutsch oder čechiš schreibe? Das deutsche Schreiben fällt mir schwerer, persönliche Briefe kann ich fast nur čechiš schreiben – aber vielleicht verstehst Du sie nicht! Bitte, schreibe es mir.

Dann hast Du mir kein Wort darüber gesagt, daß ich vielleicht nicht komme? Ich möchte etwas hören darüber! Was glaubst Du? Dich und Steffi – Euch beide – nie mehr sehen?

Ich habe vorige Woche ein Taxi genommen und zum Peroutka gefahren. Ich bin so wütend gewesen, daß ich gar nicht ausgestiegen habe und darauf bestanden habe, er wird mit mir in die Stadt fahren. Es gab einen ziemlichen Krach zwischen uns – der damit endete, daß er doch! einen Leitartikel schrieb – aber einen schlechten. Gott, wie mich das ekelt! Willi, jetzt bist Du weg, jetzt habe ich nicht Dich mehr zu verteidigen – jetzt kann ich es sagen. Mein Gott, wie mich dieser Mensch ekelt.

Ich danke Dir für Deine Artikel. Bitte – bleibe treu – der Přítomnost. Ja?

Schreibe mir, Willi. Vielleicht noch mehr – wenn es möglich ist – möchte ich einen Brief von Steffi. Aber ich werde nie, nie mehr ein Wort darüber sagen.

Ich denke nur an Dich, den ganzen Tag, ganze Tage, immer, Willi.*

(Im Original deutsch)

Týdeník
Přítomnost
Redakce

Fragment
[September 1938]

Ich werde Euch übrigens etwas sagen: Du mußt mir das nicht glauben, Steffi.

---

* Dieser Satz tschechisch.

Als ich draußen in Škrdlovice war, habe ich einen Traum gehabt: Du, Steffi und ich waren in einem Opernhaus oben auf der Galerie. Es war nach einer schönen Oper, die Schauspieler waren noch auf der Rampe, wir waren sehr ergriffen noch alle drei und wollten gerade besprechen, wohin wir essen gehen werden. Auf einmal hat sich aber herausgestellt, daß das Haus brennt. Die Flammen waren gar nicht sichtbar, aber es war eine große Gefahr um uns herum. Und plötzlich haben wir gesehen, daß von der Galerie keine Treppe nach unten führt. Unten war schon alles leer, die Feuerwehrmänner haben schon Rettungsnetze gehalten, und wir sind noch immer dort oben gestanden, Du wolltest nicht abspringen, Willi, ich habe blöde Witze gemacht, und Steffi war böse und nervös. Auf einmal war die Gefahr irgendwie dringender, wir haben uns mit der Steffi mit einem Blick verständigt und haben wir Dich, Willi, heruntergeschubst. Dann sind wir beide, Steffi und ich, ganz sachlich und ruhig dagestanden, zugeschaut, wie Du nach unten kamst und als Steffi gesehen hat, daß Du gut angekommen bist, hat sie gesagt: Du kannst noch nicht weg, Milena, also servus. Servus Peperl. Und Steffi sprang Dir nach.

Am nächsten Morgen kam Dein Brief, daß Ihr am 26. wegfahrt. Also bitte, ist das nicht ins kleinste Detail ein peinlich und ordentlich präziser Traum?

Als ich Samstag im Eger war – bin ich in der Früh um halb 5 vom Reichenberg weggefahren und 12 Uhr mittag angekommen, müde zum Sterben – da war ich einfach so nervös und so übermüde, daß ich nicht wußte, warum ich sofort nach Prag fahren will. Ich habe nur gewusst /sogar mit 3 sss, wie Du siehst /, daß ich unbedingt sofort fahren muß. Ich gebe immer sofort nach, wenn mich so etwas alarmiert, ich schmeiße immer alle Vernunftgründe zum Teufel und mache genau das, was ich machen »muß« – in diesem Falle also ein Taxi nehmen und nach Prag fahren. Weil ich die Vernunft nicht abstellen kann, bekomme ich natürlich eine wahnsinnige Angst: die Honza! Ich fahre ganz irrsinnig vor Angst bis zu der prager Wohnung, für das letzte Geld natürlich, ich stürze hinauf, alles ist ruhig und in Ordnung – auf dem Tisch liegt ein Brief, daß Ihr um halb acht anrufen werdet. Es war genau sechs Uhr. Bitte, bei mir klappt alles – ich war rechtzeitig da – aber wie kannst Du Dich so wenig auf mich verlassen haben um abzusagen? Ihr wart / ja siehst Du, Steffi, deshalb kann ich nicht deutsch schreiben, ich kann einfach 2. Person Mehrzahl nicht, ich schäme mich – dreimal bei 6 Minuten hast Du mir das gesagt! / Ihr waret? wart? weret? Vernunft gehabt – und ich war richtig, bitte!

Vor dem Fenster blühen mir 19 Sonnenblumen! Justament!

Und justament: auf Wiedersehen, Kinder!

(Im Original deutsch)

Týdeník
Přítomnost
Redakce

[September 1938]

Teurer Willi,

ich kann keinen langen Brief schreiben, obwohl ich es sehr gerne tun würde. Sicher begreifst Du, warum ich lieber nicht schreibe. Ich werde Dir aber jeden Tag einen Brief schreiben und werde sie alle aufheben, wenn Du mir Deine erste amerikanische Adresse schickst, schicke ich sie Dir alle. Ich möchte Dir sehr gerne schreiben und lange. Aber es ist sehr schwierig, und mir liegt daran, daß Du sie bekommst. Ich schicke Dir auch Themen, die Peroutka haben will. Aber er bittet Dich sehr, ihm zu antworten, ob Du sie bekommen hast und sie bearbeitest. Antworte mir sofort, denn sonst müßte ich sie anderswo besorgen.

Also: ein Portrait von de Kerillis. 2. Frankreich sagt heute, es möchte nicht der Polizist in Europa sein – aber war Frankreich bisher nicht immer ein Polizist? Und hört es auf, Polizist zu sein, weil es den Polizisten nicht mehr machen will, oder weil es ihn nicht mehr machen kann? 3. Konnte die Tschechoslowakei voraussehen, was mit Frankreich passiert? War es eine politische Schuld, daß sie es nicht voraussah, oder hat Frankreich erst versagt, als es den Krieg unmittelbar vor sich sah? 4. Das heutige Spanien. 5. Die Adresse des Mannes, der neben mir in der Straße wohnte, ein Kenner östlicher Angelegenheiten war, und der aufgrund seines Buches über den Osten nach London fuhr. Ich vergaß seinen Namen, er begann mit B. Es war ein älterer, sehr belesener Mensch.

Ich bitte also um eine Antwort, ob Du alle diese Themen bearbeiten willst und um die Adresse. Und um den Namen.

Willi, ich werde Dir und Steffi sehr lange Briefe schreiben – wenn ihr dort seid. Wie es mir geht? Das kann man nicht beschreiben, Willi.

Ich bitte Dich, schreibe. Ich bitte Dich auch, in dem Bewußtsein wegzufahren, daß ich mein ganzes Leben – Du weißt, was es heißt, das ganze Leben zu warten – auf den Augenblick warten werde, da ich Euch wiedersehe. Ich wünsche mir leidenschaftlich, dies zu erleben, ich wünsche Euch beiden alles, alles, alles Schöne. Dir, Willi, einen neuen Mut und Lust. Und vergeßt mich nicht – ich habe in der Welt nicht viel mehr als Euch.

Milena

[...] werden wir uns genau ausrechnen können, wann wir sie bekommen. Sei auch nicht böse, daß ich Dir die Themen schreibe und nicht Richter – Peroutka spricht mit ihm nicht darüber. Ich wünsche Euch das gleiche, was ich dem liebsten Menschen wünschen würde, den ich in der Welt habe, nämlich Honza, wenn ich sie in die Welt schicken würde. Es ist so wenig, wenn man sagt: alles Gute. Ich habe nur große Angst, Du wirst dort wieder alles noch einmal durchmachen müssen. Ich wünsche Dir viel Arbeit und Erfolg, den Du verdienst, ich wünsche Dir ein schönes Zuhause und Ruhe. Ich wünsche Dir, daß Du findest, was Du suchst: die Möglichkeit dafür zu arbeiten, was Du auf der Welt liebst.

Ich grüße Euch beide

Milena

13.9.1938

Lieber Willi,

ich kann nicht viel schreiben, ich kann Dir nichts sagen, was Du nicht selber wüßtest. Es fiel mir ein, wie schwer es sein wird, Euch nach Amerika zu schreiben, wenn ein Brief Wochen unterwegs sein wird. Dann wirst Du auch viel weniger über uns hier wissen und es viel später erfahren. Es wird sicher schwer sein.

Über uns kann ich Dir wirklich nichts sagen. Wir leben alle in einer großen Aufregung, schlafen mit halbgeschlossenen Augen, schlafen kaum. Oben im Norden ist Ausnahmezustand. Zwei Tote. Ich habe das Gefühl, es erwarten uns schreckliche Tage, bevor der Krieg kommt. In den Geschäften gibt es keinen

Zucker, keinen Schmalz, keinen Speck, keine Konserven. Alles ausverkauft. Die Preise steigen immens.

Ich werde in den Norden fahren für eine lange Zeit. Ich weiß es noch nicht. Ich würde Dir schreiben. Evžen und Honza würden hier bleiben.

Es kommt mir seltsam vor, daß ich noch keine Minute Angst verspürte. Zu Euch kommen kann ich allerdings nicht – man kann in diesen Tagen gar nicht daran denken. An eine Entspannung ist auch nicht zu denken. Außer anderem hat Herr Hitler auch zu verantworten, daß ich Euch nicht mehr sehen werde.

Die Adresse von Erdély ist: Evžen Erdély, 36 rue Singer, Paris 6.

Bitte, schreibe mir, ob Du auch etwas für Lidovky geschrieben hast und wann Du beginnst. Fürth hat mich danach gefragt.

Peroutka dankt Dir für die Arbeit. Er läßt Dir ausrichten, Du sollst entschuldigen, daß er Dir nicht schreibt: niemand von uns hat augenblicklich Lust dazu, das wirst Du sicher verstehen. Große Worte schreiben wir nicht gerne, und ohne sie kann man schwer auskommen. Er dankt Dir, daß Du ihm so hilfst, und läßt Dir ausrichten, daß er Dich sehr vermißt und erst recht vermissen wird, wenn Du noch weiter weg sein wirst. Vergiß, bitte, Přítomnost nicht. Schreibe weiter, Willi. Ich kann Dir keine Themen geben. Die Dinge und Stimmungen ändern sich von Tag zu Tag, andere Themen außer diesem einzigen interessieren kaum jemanden. Ich kann nicht deutsch schreiben, Steffi, bitte, verzeih, »ich schäme mich« – aber es fällt mir schon schwer genug, auf tschechisch zu schreiben, umso mehr auf deutsch.

Wovor ich die größte Angst habe, ist eine innenpolitische Krise bei uns. Könnte man nicht einen Artikel schreiben: Herr Präsident! Weißt Du, einen Brief an den Herrn Präsidenten. Obwohl er so schlecht sprach und so schlecht deutsch sprach –

obwohl ich ihn nie besonders liebte – heute denke ich täglich an ihn. Was für eine Last trägt dieser Mensch! Und ich fürchte, daß einige gemeine Attacken gegen ihn aus dem Ausland kommen werden und – leider – auch innenpolitische Attacken. Ich habe das Gefühl, so etwa wird der Anfang vom Ende aussehen. Es müßte ein ruhiger, würdevoller Brief sein – unterschrieben vielleicht mit Willi Schlamm – von einem Mann aus dem Ausland, der sich Europa zugehörig fühlt und heute an den Präsidenten Beneš denkt und ihm etwas zu sagen hat. Ich weiß nicht, ob es eine glückliche Idee ist. Ich schriebe es, wenn ich es könnte. Aber Du könntest es. Für die innere Situation hier wäre es gut.

Adieu Willi, adieu Steffi!*

Honza ist unheimlich brav. Hat gewaschene Hände, in der Schule lauter Einsen. Der Lehrer lobt sie sehr – schau, und jetzt schreibe ich doch deutsch! – und jeden Tag, wenn Honza nach Hause kommt, fragt sie mich, ob ich es schon Steffi geschrieben habe, daß sie so brav sei? Bitte, Steffi, schicke ihr eine Karte, daß ich Dir geschrieben habe und daß Du Dich darüber freust, ja?

Ich war im Bellevue, Willi, aber Du warst nicht dort. »Der Tisch ist frei« hat der Ober zu mir gesagt. Ich habe mich natürlich nicht hingesetzt. Das Telefon hängt noch immer dort, merkwürdigerweise. Es ist genau ein Jahr her, daß ich Euch kennengelernt habe. Wo werden wir in einem Jahr sein? Und werden wir sein?

Wahrscheinlich bin ich traurig heute, es scheint schon so. –

---

* Nach diesem Satz schreibt Milena auf deutsch weiter.
** Auf tschechisch.

[um den 20. 9. 1938]

Lieber Willi,

bitte, verzeihe, nur sehr rasch: schreibe, wenn Du kannst, einen Artikel: wie das Vorgehen** der nationalsozialistischen Taktik immer das gleiche ist, und daß man es um Gotteswillen schon einmal kapieren soll: die Saar, /internationale Polizei/ das ist der Vorschlag, den Ch.* nach Berchtesgaden führt.** Du verstehst jetzt bereits wohl, was ich meine: immer das gleiche Vorgehen, immer das gleiche Reinfallen von Seiten der Demo-kratien, die Saar, Österreich – Tschechoslowakei. Ein solcher Vergleich der dreimaligen Vorgehensweise, wenn möglich mit Daten und Namen. Und klar sagen: Plebiszit ist das Ende! Internationale Polizei ist das Ende! Keinen Schritt mehr zurück zu weiteren Zugeständnissen! England vor eine klare Situation stellen, wie es Deutschland gemacht hat! Lieber einen Krieg! Du wirst natürlich wissen, wie man es sagen soll, ich sage es ganz offen, aber schreibe es, Willi! Ich bitte Dich!

Es kann am Montag morgen kommen.

Prag ist voller Flüchtlinge aus dem Norden. Einige Ge-schäfte sind geschlossen, Lebensmittel bekommt man nicht – Zucker, Butter, Mehl, Eier, Schmalz, Konserven gibt es nicht. Banken werden richtig gestürmt. Schreib es schnell, Willi, und schicke es. Ruhig, aber fest, Willi.

Ich grüße Euch beide.

Milena

---

* Arthur Neville Chamberlain, der englische Premierminister.
** Nach diesem Satz schreibt Milena auf tschechisch weiter.

Prag, 24. Oktober 1938

Lieber Willi,

ich habe Dir einen sehr langen und ausführlichen Brief
geschrieben. Dann noch einen an Dich und einen an Steffi. Es
kam keine Antwort. Bitte schreibe mir, ob Du die Briefe
erhalten hast. Darin stand übrigens viel über die Arbeit geschrieben.

Diese Woche habe ich auch keinen Artikel von Dir bekommen. Ich teile Dir also kurz mit: Redaktionsschluß haben wir
jetzt samstags und Erscheinungstag am Dienstag morgen. Den
Artikel brauche ich dringend. Themen: Warum hat der Sozialismus in den entscheidenden Augenblicken versagt? Weiteres:
die Geschichte der Regierung der Volksfront in Frankreich
überhaupt und insbesondere in den letzten Tagen. Ein privates
Thema, das ich Dir vorschlage: Womit hat die deutsche Demokratie auf die kommunistische Politik im Jahre 1932 drauf-
gezahlt und womit die französische Politik auf die kommunistische Politik des Jahres 1938. Dann erinnere Dich an das
Gespräch, das wir einmal auf dem Brückel darüber geführt
haben, daß sich ein faschistischer Staat in einem Krieg wieder
nur mit einem faschistischen Staat anlegen wird. Damals hat
Dich dieser Gedanke erschrocken. Heute wäre er des Nach-
denkens wert.

Ich grüße Euch beide innig und bitte – gebt mir umgehend
eine Nachricht.

Eure Milena Jesenská

Nun, Willi, was ist los? Etwas ist los, das weiß ich ganz genau – aber nur was? Bist Du böse? Warum? Kann ich denn überhaupt etwas machen, damit Du böse wärest? Habe ich Dir etwas getan? Ich habe in Gedanken alles durchgegangen, was ich getan haben konnte: ich habe in Přitomnost über »statečni«* Menschen geschrieben, die schon über Grenze sind. Ist es möglich, daß Du es in Deiner Empfindlichkeit auf Dich bezogen hast? Ich habe natürlich über Ripka und Jiří Beneš etc. geschrieben, über Tschechen, die weggefahren sind, gerade dann, wenn sie etwas sagen sollten. Bist Du böse, daß ich auf Deine Freunde Reiners so heftig neidisch war, daß sie bei Euch diese Tage sein konnten? Es war vielleicht nicht schön, aber es war genau die Wut, welche ein Armer einem Reichen gegenüber empfindet: hätte ich etwas auf der Welt gewünscht, dann eben Euch zu sehen, bevor Ihr weg sein werdet. Kann man mir das übelnehmen? Bist Du böse, daß es mir so leid getan hat, in diesen Tagen keinen Brief von Steffi zu bekommen? Wäre es umgekehrt nicht schlimmer für Steffi? Bist Du böse, daß ich auf der Gesandtschaft gegangen bin? Ich hatte Angst, daß Du Schwierigkeiten hast, mich nicht »belästigen« willst und ging daher allein, weil ich – so komisch es auch ist – eine wahnsinnige Angst hatte, Du und Steffi kommst nicht weg. Wenn Du hier wärest, wäre es katastrophal. Habe ich etwas falsch ausgedrückt? Hast Du mich schlecht verstanden? Ich habe einige schlaflose Nächte damit verbracht nachzudenken, was ich Dir getan habe. Vielleicht kennst Du das alte Spiel, auf die Post zu warten. Dann kam Dein Brief für Richter, mit Grüßen an alle – nur nicht an mich. Eine Frage, was Du schreiben sollst – obgleich es Dir Richter nicht sagen kann. Richter sagte etwas

* »tapfere«

betreten und verlegen: Es ist kein Gruß für Sie drin – wahrscheinlich kommt mit der nächsten Post ein Brief für Sie. Peroutka sagte: Schlamm ist böse auf Sie? Mit der nächsten Post kam nichts. Dann einige Tage nichts. Ich war auf der Censur – nichts. Ich hatte wahnsinnige Angst gehabt, Du bist ernstlich krank: gestern kam Dein Artikel, ohne ein einziges Wort. Es ist mit der Hand geschrieben – also bist Du nicht schwer krank. Du fährst am 9. weg. Ich sehe also weder Dich noch Steffi – natürlich wüßte ich das, und natürlich hoffte ich das doch. Und Du fährst ohne ein Wort weg, Willi? Was habe ich, um Gottes willen, nur getan? Liegt es an der Post? Aber es kommt schon alles an, sogar nicht censuriert. Was habe ich getan – und was konnte ich Euch getan haben?

Nun Schluß. Es tut sehr weh, glaube mir.

Ich soll Dir vom Peroutka ausrichten: Du sollst – falls Du Lust dazu hast – zwei Themen ausarbeiten, mindestens aus Paris Material mitnehmen. Ein Portrait des de Kerillis – mit Zitaten aus dem September und mit allem, was dazu gehört. Dann die konkrete Kritik der Politik der Volksfront in Frankreich. Dann: Daladier sagte: Frankreich »will nicht Rolle des Gendarmen spielen«.[*]
Nun, jetzt wäre zu beweisen, daß Frankreich nur sehr unfreiwillig nicht die Rolle des Gendarmen übernimmt. Es würde sie übernehmen, wenn es könnte. Ganze Jahre hat es diese Rolle doch gespielt, eigentlich spielte es nichts anderes. Seine ganze Außenpolitik bestand aus der »Rolle des Gendarmen«. Wenn Daladier heute sagt, daß er sie nicht übernehmen will, kann er sie nicht ausüben und macht dabei aus der Not eine Tugend. Auf deutsch kann ich Dir das nicht schreiben. Ich kann überhaupt nicht mehr deutsch schreiben, und ich fürchte, Steffi wird böse sein, wenn ich auf čechiš schreibe.

[*] Ab diesem Zitat schreibt Milena auf tschechisch weiter.

»Přítomnost« kommt nicht mehr in Orbis heraus – wir drucken sie in Brünn. Es ist natürlich eine Sparmaßnahme, die sich erst einpendeln muß. Es bringt eine ganze Reihe technischer Schwierigkeiten mit sich. Unter anderem auch dieses, daß die Schlußredaktion am Freitag mittag ist. Der Zug zwischen Prag und Brünn fährt nicht, das Flugzeug ist augenblicklich unsicher. Autos haben wir keine. Stell Dir nur vor, wie schwer es ist. Das fällt wohl alles weg, denn wenn die Post von Dir so lange brauchen wird, wirst Du nicht [...]

(Im Original deutsch)

Týdeník
Přítomnost
Redakce   2. XI. 1938

Teurer Willi,

entschuldige, daß ich Dir nur mit der Redaktionspost schreibe. Ich habe Deine Briefe bekommen, danke. Der Artikel erscheint. Er ist wunderschön. Ich schreibe Dir noch heute privat. Ich bitte Dich um folgende Artikel: warum versagt der Sozialismus immer in den entscheidenden Momenten. Verstehe: nicht der Marxismus oder Bolschewismus, sondern der Sozialismus. Es muß ein ruhiger Artikel sein (ein sehr ruhiger), geschrieben sine ira et studio. Vielleicht eher eine etwas ideologische Studie als alles andere. Event. auch eine historische. Wenn Du Lust hast, noch etwas anderes zu schreiben, schreibe, schreibe, schreibe. Wir brauchen Deine Arbeit ganz dringend.
Auf Wiedersehen

Milena

Lieber Willi, ich werde schreiben, sobald ich kann. Ich grüße und danke für die Briefe.*

* Handschriftlich hinzugefügt, möglicherweise von Evžen Klinger.

Prag, am 10. XI. 1938

Teurer Willi,

ich bitte Dich, wir brauchen vor allem einen Artikel über den Unterschied, wie sich Frankreich und England uns gegenüber verhalten. England, das nicht unser Verbündeter war, verhält sich uns gegenüber viel anständiger. In Frankreich spürt man Verlegenheit, schlechtes Gewissen und keinerlei Noblesse. Ich bitte Dich, schreibe einen Artikel darüber, event. durch Zeitungszitate belegt. Dazu gehören auch Eden, Churchill, David Coos. Diesen Artikel schreibe als ersten und schicke ihn per Luftpost, sobald wie möglich, direkt in die Redaktion. Am Samstag morgen spätestens muß ich ihn haben.
Ich danke Dir und grüße Dich.

Milena

[um den 15. 11. 1938]

Willi,

heute haben sich Thomas* und seine Frau vergiftet. Am Samstag saßen sie bis in die Nacht sehr ruhig und auffällig gut gelaunt in ihrer üblichen Gesellschaft, in der Nacht nahmen sie Gift und am Sonntag nachmittag hat man sie bewußtlos aufgefunden. Sie sind jetzt beide im Sanatorium, bei ihm hoffnungslos, er hat schon eine Lungenentzündung – und ihr geht es sogar besser. Sie sind noch nicht tot. Ihn kann man sicher nicht mehr retten – und wenn sich zwei Menschen entschlossen haben zu

* Rudolf Thomas, Redakteur des Prager Tagblatts.

sterben, ist es wohl schrecklich, wenn einer von ihnen erwacht. Ich schreibe es Dir ohne weitere Erklärungen – wozu auch? Nur soviel, Willi: ich gehe täglich zu Fredy. Ich denke mir die unmöglichsten Vorwände aus, einmal leihe ich mir das Tagblatt, das ich zu Hause habe, dann irgendein Buch, das ich ihm wieder zurückgebe, dann täusche ich vor, daß ich Nachrichten hole: dort braut sich das gleiche zusammen. Jedesmal, wenn ich dorthin gehe, zittere ich vor Angst, wie es ihnen geht, und ob sie am Leben sind. Ich kann nicht viel tun, Du kannst in diesem Fall viel tun und tue es, ich bitte Dich, schnell – Du weißt, ich bin kein Panikmacher, und Du weißt, ich würde Dir nicht schreiben, wenn ich mich nicht um sie sorgen würde. Du mußt ihnen täglich schreiben und mußt ihnen etwas sagen können, Willi. Was, weiß ich nicht. Ich besuche sie eigentlich nur deshalb, weil ich das Gefühl habe, Du würdest es Dir wünschen. Sonst kann ich ihnen nichts sagen, was sie überzeugen könnte.

Was mich anbelangt: ich bin ganz ruhig, arbeite, soviel ich kann, weil Přítomnost den ganzen Verlag trägt. Die zwei letzten Nummern waren schrecklich, jetzt geht es wieder. Dein Artikel war ausgezeichnet. Ich kann nicht sprechen, Willi. Ich habe keine Angst, ich war keine einzige Stunde außerhalb Prags, und als ich hörte, daß Reiners bei Euch waren, bedauerte ich, daß ich nicht zehntausend habe, um feige zu sein. Honza war mit mir, schob Wachen für den Zivilluftschutz, alles stimmt ganz genau, und alles geht gut. Ich habe überhaupt kein Geld, ich schicke Dir diktierte Briefe aus meinem Büro, weil ich kein Geld für Luftpost habe. Wir bekommen keinen Lohn, die Miete habe ich nicht bezahlt, wir haben auch nicht viel zu essen. Aber ich arbeite Tag und Nacht. Evžen verhält sich ausgezeichnet, ruhig und systematisch, Honza verhält sich ausgezeichnet.

Sonst kann ich Dir nichts sagen, Du weißt es sowieso. Willi, denke daran, daß selbst das beste Volk schrecklich sein kann, wenn es schlecht geführt wird. Auch bei uns kommt Antisemitismus auf, in der Slowakei wird es in jedem Dorf eine »Garde Hlinkas«* geben. Mein Gott, Willi.

Ich will hier bleiben, solange ich das Geringste machen kann. Ich weiß nicht, wie lange es möglich sein wird. Bestimmt bis zum letzten Augenblick. Aber wenn ich nichts mehr werde machen können, will ich weg von hier. Aber wohin? Und wozu? Ich weiß alles nicht. Nur das eine: es ist ganz ausgeschlosssen, Willi, daß ich Selbstmord begehen werde. Unter keinen Umständen, nie, völlig ausgeschlossen. Ich möchte, daß Du das weißt.

Ich danke Dir, daß Du schreibst. Natürlich, Willi, wir wollen uns wieder sagen, daß wir Freunde sind. Ich weiß, was es bedeutet. Aber was für eine hoffnungslose Welt ist es, die zusammenbricht! Wie sollen wir die Sechzehnjährigen überleben? Und doch, wenn das, was wir Europa nannten, nur in unseren Herzen ist, will ich es so lange durch die Welt tragen, wie ich kann. Willi. Ich danke Dir für alles.

Peroutka läßt Dir ausrichten, daß Dein Artikel ausgezeichnet war. Er bittet Dich um Arbeiten. Er bedankt sich dafür. Die ganze Zeit bekam ich keine Zeile von Steffi – wie ist das möglich?

Lebe wohl, Willi, auf Wiedersehen. Wir grüßen Steffi, auch wenn sie uns schon vergessen hat. Bist Du Dir sicher, Willi, daß im Frühjahr Maiglöckchen blühen werden? Ich denke, Du irrst Dich!

* Paramilitärische Gruppen, die von A. Hlinka organisiert wurden.

Es ist so entsetzlich still geworden um uns, Willi. Ich kann das Bild der neuen Staatsfläche, die verstümmelten Grenzen – überhaupt nicht fassen. Vieles andere ist genauso unfaßbar. Nicht alle Leute benehmen sich so, wie man hätte erwarten müssen. P. benimmt sich aber sehr gut, in jeder Beziehung. Herr Hupert ist schon über die Grenze. Auch Pepek ist über die Grenze. Der eine – Du wirst staunen – um eine »revolutionäre Arbeit« mit verschiedenen »revolutionären Gruppen« zu versuchen, was ihm angeblich als einzige Möglichkeit scheint. Der zweite fuhr nach Mexiko, vielleicht hat er eine Arbeit dort zu bekommen. Ich habe ihn nicht gesprochen. Es sind auch nicht die einzigen, die weggefahren sind. Ich kann wirklich verstehen, daß Menschen heute wegfahren. Ich konnte nicht verstehen, daß sie aus Angst vor dem Krieg weggefahren sind.

Ich habe Dir oft geschrieben. Einige Briefe habe ich Dir nur durchs Telefon diktieren lassen, weil ich kein Geld habe, selbst Briefe par avion aufzugeben. Meine privaten Briefe habe ich Dir mit gewöhnlicher Post geschickt, es ist allerdings fraglich, ob Du sie überhaupt bekommen hast. Ich konnte auch nicht vieles schreiben. Nun werde ich nur das wichtigste wiederholen: von R. Thomas und G. Thomas weißt Du schon. Sie haben sich vergiftet. Ich habe die Frau im Sanatorium gesehen – was, um Gottes Willen nur ein großer Zufall war – sie lag sehr schön und sehr friedlich, rosig und verjüngt da. Eine halbe Stunde vor dem Tode. Neben dem schon 12 Stunden toten Manne, der grauenvoll aussah. Sie haben es mit Würde, ruhig, mit Form getan. Man sieht, wenn man wirklich will, geht es sehr rasch, sehr ruhig und fast heiter. Gerade dieses ist aber das Schreckliche daran: er hat es getan, »um den anderen zu zeigen, daß es nicht schwer ist«. Es ist ihm fast gelungen. Man sah es auf eigenen Augen: es ist nicht schwer. Es dauert nicht lange und es ist vorbei. Ich habe eine große Angst um Fredy*, Willi. Er ist – wie fasziniert – sehr oft bei den zwei ruhig sterbenden Menschen gewesen. Er sah sie immer und immer wieder an. Sie haben etwas Verführerisches gehabt – sogar für mich. Nicht, weil man fertig ist. Nur, weil man so unsagbar müde ist. Müde von der Zukunft. Ich suche unter allen möglichen Vorwänden Fredy immer wieder auf. Ich rufe ihn an. Einmal will ich Tagblatt, dann gebe ich es ihm zurück. Einmal denke ich mir Grüße von Dir aus, dann frage ich, was mit Dir los ist. Er hat mir ruhig und offen gesagt – daß er nur darauf wartet, wann er das tut. Willi, Du müßtest hier in der Panská ulice stehen, Du müßtest die Menschen hier ansehen – dann würdest Du mich vielleicht verstehen, wenn ich Dir sage: ich weiß nicht, was ich ihm darauf sagen soll. Bei Grete Thomas habe ich gesehen, daß es eine durchaus private Sache ist, eine von den Freiheiten, die übriggeblieben sind – mindestens für gewisse Menschen – und daß es ganz lächerlich ist, Menschen vor diesem Entschluß schützen zu wollen. Bei Thomas war es natürlich ein langes Leben vorher, das kein Leben mehr war. Aber ist es bei vielen Menschen nicht auch so oder ähnlich. Ich fürchte für Fredy, ich habe das Bedürfnis, ihn jeden Tag mindestens anzurufen: aber ich habe keinen innerlichen Zutritt zu ihm. Sie sind beide auch sehr allein. Und die Menschen, die sie haben, können ihnen sicher nicht helfen. Ich bin etwas ratlos. Vielleicht kannst Du mir da helfen – vor allem, vielleicht kannst Du ihm öfters schreiben. Ich ertappe mich nämlich manchmal bei dem Gedanken, den man sicher nicht haben darf, bestimmt nicht haben darf: bei dem Gedanken,

---

*Fredy Mayer, Redakteur vom Prager Tagblatt, und seine Frau Joši waren enge Freunde Milenas. 1940 konnten sie in die USA entkommen.

daß man kein Recht hat, Menschen zu hindern, diese Freiheit zu benützen, falls es wirklich die letzte sein sollte. Ob sie es wirklich ist – kann ich nicht beurteilen.

Ich habe oft in diesen Tagen mit Elly Poláček gesprochen. Sie sitzt allein in der Wohnung, arbeitet, sie ist dort geblieben, als sie ganz allein und im Dunkel war, und ich habe sie lieb gewonnen. Deine Freunde Reiners habe ich sehr beneidet – aber so sehr liebe ich Dich nicht, Willi, daß ich in diesen Tagen zu Dir hätte fliegen können – auch wenn ich können hätte. Zu Schwelbs bin ich eingeladen gewesen, als die R. zurückkamen – sozusagen, um über Euch zu hören. Nun bin ich nicht gegangen. Ich konnte nicht. Dafür denke ich oft an Deinen Freund Palme, an sein schönes Haus, das er so geliebt hat. Bitte, grüße ihn von mir. Das ist alles, was ich über Deine Freunde weiß.

Dir etwas von uns erzählen hat nicht viel Sinn. Du mußt doch heute mehr von uns wissen, als wir es wissen, Willi. Von der Zukunft wissen wir nicht viel – das Wenige genügt, um müde zu sein. Wenn wir uns um etwas bemühen, dann um die »Neutralisierung – aber nichts mehr«. Es war ausgezeichnet. Und es ist bezeichnend, daß Du es geschrieben hast. Wenn vor einem Jahr wenig Menschen hier waren, wenig geschulte Menschen meine ich – sind es hier natürlich noch viel weniger. Yester schrieb einen langen Artikel: weg mit der Vergangenheit, her mit der Zukunft, lernen wir von Deutschland, es war vor 20 Jahren schwach und seht ihr, wie es jetzt stark ist. Diesen Weg wollen wir gehen. Wenn Yester dieses schreibt, kannst Du Dir vielleicht vorstellen, was andere schreiben. Merkwürdigerweise benimmt sich gerade P. sehr gut. Ein Wochenblatt zu machen, ist überaus schwierig. Wir haben zu wenig Informationen und zu wenig Menschen. Jeder Artikel von Dir bedeutet eine ungemeine Hilfe, Willi. Diesmal eine vielfache Hilfe: moralische, weil Deine Artikel die besten tschechischen publizistischen Sachen sind. Vor einem Monat war es viel – jetzt ist es mehr als viel. Vor einem Monat war die Moral hierzulande eigentlich gut daran. Heute schwankt sie, es ist gewiß. Umso mehr brauchen wir es heute. Dann materiell: der Verlag steht vollkommen. Lidové noviny werden teilweise im Prag gedruckt, weil die Verbindung mit Brünn nicht so gut funktioniert, um früh die Zeitung hier zu haben. Es kostet natürlich viel Geld und hat keinen Erfolg, weil in den Zeitungen außer amtlichen Nachrichten nichts steht. Es werden auch bestimmt gewisse Veränderungen bei den Herausgebern vorgenommen. Ich habe keine Ahnung, wie es endet und was weiter sein wird. Tatsache ist, daß die Přítomnost das ganze heute tragen muß. Um nicht Leute kündigen zu müssen – wie es in allen Redaktionen geschah – haben wir uns entschlossen, nur die Hälfte des Einkommens zu akzeptieren, um die anderen durchzubringen. Die P. arbeitet also fieberhaft – offen gestanden arbeite ich fieberhaft. Aber P. schreibt mindestens rechtzeitig und gut und er kümmert sich auch für alles – man kann ihn prompt erreichen usw. Die Leser, die wir verlieren – einige Tausend – fangen wir wieder an zu gewinnen – weil andere Wochenblätter überhaupt nicht mehr erscheinen (bis auf Braná politika, die ein Wochenblatt geworden ist und gegen die P. Absichten zu haben scheint). Es ist also wichtig, es gut zu machen und es überhaupt zu machen – und Du weißt selbst, welche Rolle Du dabei spielen kannst, Willi. Eine entscheidende.

Soll ich Dir Themen geben? Es ist so schwer! Aber Du schreibst immer genau das, was geschrieben werden soll. Verlasse Dich darauf. Bitte, schreibe weiter! Es ist heute zehnmal so wichtig wie früher. In einigen Tagen kann ich Dir natürlich auch Geld schon schicken lassen – schreibe mir darüber, bitte. Dein Honorar bleibt natürlich so wie es war.

Also die Themen? Ich möchte gerne den Artikel haben: warum versagt der Sozialismus immer in dem entscheidenden Moment? / Unsere Sozialdemokratie ist aus der II. Internationale ausgetreten, weil es »eine unwichtige Organisation ist«. / Dann möchte ich einmal einen Artikel haben über Volksfront überhaupt und über die Regierung der Volksfront in Frankreich besonders. Dann möchte ich einmal einen ausführlichen Artikel über Palästina haben und über die Sorgen Englands dort unten. Dann möchte ich einmal einen Artikel haben über das »Selbstbestimmungsrecht der Völker«, das jetzt wie ein Lauffeuer alles ergreift. Aber Du wirst doch sicher gut schreiben, auch wenn Du etwas ganz anderes schreibst. Die zwei Themen sind vom P. bestellt – und wenn er wieder etwas haben will, schreibe ich es Dir mit der Redaktionspost wie diesmal. Ich habe schon Angst, daß Du wegfahren wirst – wie wird es dann mit der Arbeit werden und mit der Verständigung?

Und so sind wir bei dem Wegfahren: bitte, schreibe sofort, was Dir fehlt? Ich war hier am amerikanischen Konsulat und sie haben mir gesagt, Du hättest alles in Ordnung, sie wüßten nicht, was Du willst? Bitte, schreibe es mir gleich, damit ich es in Ordnung geben kann.

Ich rede nicht über Deine versteckte Anspielung, daß Du auch im Prag sein könntest. Es ist schön von Dir, Willi, aber Du bist eben zu jung. Nein, Du kannst sicher nicht nach Prag zurück, und wenn es sich eine Möglichkeit zeigen sollte, oder auftauchen sollte, ich werde sie – sei gewiß – rechtzeitig und gründlich zerstören. Es haben viele Menschen nach Dir gefragt – ich gebe keine Auskunft. Ich habe auch in der Redaktion angeordnet, daß man Deine Adresse nicht geben darf. Niemandem. Ich will alles tun, was in meiner Macht steht, um Dir zu helfen, daß Du auf dem Schiff stehst. Wenn es etwas solches gibt – dann sage es sofort. Wenn Du es kannst – wegzufahren, ohne sich umzudrehen, drücke ich Dir die Hände. 30. September ist mehr zugrunde gegangen, als wir zugeben wollen, nicht wahr. Ich begreife, Willi, daß Du treu bist, daß Du Wien – und verschiedenes mehr – noch liebst – aber es ist zwecklos, lange am Kirchhof zu stehen. Wenn wir gemeinsame Arbeit noch auf der Welt überhaupt tun können, dann nur, wenn wir anfangen: jeder, wo er kann. Du kannst wirklich nur noch in Amerika, begreife das doch endlich! Du kannst dort so vieles tun, Willi! Wir alle wollen etwas tun, aber niemand ist so glücklich wie Du, daß er das kann! Es ist keine Solidarität, zusammen sterben zu wollen; solange es noch zu tun gibt! Es ist keine Schwäche, innerlich von dem Begräbnis wegzukommen, aus Liebe und Solidarität für etwas, was eben starb. Du bist mit uns solidarisch, indem Du wegfährst, Willi! Du hilfst damit! Wenigstens einer, der draußen ist und arbeitet! Wenigstens einer, der Europa im Herzen hat – und die Kraft und Entschlossenheit hat, aus Europa wegzugehen. Es ist doch, um Gotteswillen, keine Tapferkeit, seine Arbeitsmöglichkeit lahmzulegen, weil die anderen lahm sind? Wir sind es. Hoffentlich werden wir doch etwas tun können. Wenn nicht – dann werden wir versuchen, auch wegzugehen.

Es gibt sicher, Willi, keinen Menschen auf der Welt, der Dich hier lieber sehen würde als ich. Manchmal sehe ich Dich auf der Straße – wenn ich dann näher komme, bist Du es nicht. Einmal fuhr ich mit einem Taxi einem Straßenbahnwagen nach, weil ich ganz sicher war, daß Du drin bist. Du – und Straßenbahn! Wie konnte ich so dumm sein? Du warst es – Du mußt es wissen – am Ende doch nicht. Ich war schon einmal auch im Bellevue – nicht bei Deinem Tisch. Er steht leer. Aber trotzdem, Willi – ich erlaube nicht, daß Du zurückkommst, auch wenn es ginge.

Ich habe die ganze Zeit nicht weinen können. Erst vorgestern habe ich gehört, daß Ella P. von der Steffi einen Brief bekam – ohne zu bitten, ohne zu drohen – einfach einen Brief. Es gibt doch also Menschen, denen in diesen Tagen Steffi ein paar Worte geschrieben hat – lache mich nicht aus – das war der winzige Rest, den ich zum Weinen brauchte.

Habe ich Dir etwas gesagt? Verzeihe mir, wenn es mir nicht gelungen ist – ich möchte nämlich, daß Du diesen Brief bekommst. Die Fehler verzeihe mir auch – ich kann es nicht mehr nachlesen.

Und wie es mir persönlich geht? Ich weiß es nicht. Ich habe fast gar kein Geld – es ist schon an der Grenze des Hungers. Ich habe die Manička nicht behalten können – ich koche also, räume auch, wasche, arbeite, sonst gar nichts. Es ist gar nicht schwer. Schwer ist anders. Zuschauen, wie es hier Menschen geht, ist schwer. An die Zukunft zu denken ist schwer. Nicht an die materielle – natürlich. Es ist eigentlich alles schwer, jeder Gedanke, jede Träne, jeder Traum. Ich müßte mich schämen, wenn ich klagen sollte: und ich bin auch ziemlich bescheiden: ich möchte nur eine Nacht schlafen.

Nach der letzten Rede – des Dr. Beneš – hast Du gehört? hat man Smetana »Z mého života«* gespielt. Hast Du begriffen, was dieses Stück Musik zu sagen hat? Nicht deshalb, weil es an dieses Ereignis gebunden war – aber weil es an diese Tage gebunden war. Und weil es die schönste čechiše Musik ist. Mein Gott, wie lange sollen wir mit dieser Wahrheit auskommen, daß die schönste Musik – die tragischste ist, und daß es unsere Musik ist?

---

* »Aus meinem Leben« (1. Quartett).

Es ist sogar schwer, Musik zu hören.

Ich danke Dir, Willi. Du bist das einzige, was nicht schwer ist.

Milena

Du kannst schon in die Wohnung schreiben. Wir erscheinen jetzt aber am Montag, weil wir 28 Stunden für die Zensur brauchen. Aber: Freitag ist der frühere Montag, Donnerstag der frühere Samstag.*

P.S. Gerade kam ein Brief von Dir und Steffi. Wie Du siehst, hat es sich gekreuzt, und ich schreibe nur die Adresse um. Morgen schreibe ich Steffi und Dir einen neuen Brief. Ich bin froh, daß wir so gleich denken – ich glaube es zu wissen.

Herbert ist noch nicht zurück, Weissbarth ist auch noch nicht zurück. Hella spreche ich sehr oft. Weissbart hat mir geschrieben – er ist eingerückt – daß er gerne einen Brief von Dir hätte. Heini war operiert und sehr schwer krank. Es geht ihm aber schon besser, er ist auf dem Wege zur Besserung. Ich habe Ida heute gesprochen – sie ist sehr tapfer und ruhig.
Du siehst – Du mußt mir nicht schreiben, was Du wünschst – das weiß ich sowieso. Ich habe allen, die ich kenne, telefoniert, allen gesagt, daß nur die Redaktionspost ankommt, und daß Du alle grüßen läßt usw. Erstens ist es wahr – und zweitens ist es so, wie mit dem Blumen schicken, wenn jemand stirbt: »ich schäme mich, so wenig zu tun« – und tue deshalb nicht einmal das wenige. Die draußen empfinden es so, sicher. Aber es gibt Situationen, wo sogar das wenige nötig ist.

Also, auf Wiedersehen – widerstrebend grüße ich auch das Peperl. Einen langen Brief schreibe ich ihr aber doch.

(Im Original deutsch)

---

*Dieser Absatz ist handschriftlich hinzugefügt.

Lieber Willi,

es ist, bei Gott, nicht leicht, zu schreiben. Ich glaube, ich könnte Dir nur čechiš schreiben, aber das darf ich nicht, die Steffi erlaubt es nicht, und ich glaube auch, daß Du nicht gut verstehst. Deutsch zu schreiben, ist aber wirklich sehr schwer, und ich sage die Hälfte davon nicht, was ich sagen möchte – und könnte.

Es waren wirklich dreckige Weihnachten. Jaromír liegt im Krankenhaus – ein Herzschlag. Mehr sterbend als lebend wurde er ins Krankenhaus gebracht – von seiner Wohnung aus bis zum Weinberger Krankenhaus sind wir mit dem Kranken-wagen zwei Stunden gefahren. Er hat, selbstverständlich, nicht eine Krone »bei sich« gehabt, der arme Kerl. Nun habe ich ihn ins Krankenhaus eingeliefert, ganz gelb war er, und atmen konnte er auch nicht mehr. Die Ärzte haben ihm eine Frist bis morgen gegeben – und [er] lebt noch heute, und es sieht wirklich so aus, als ob er schon außer Gefahr wäre. Riva wohnt bei uns, ist natürlich ganz traurig und einsam, hat nicht einen Heller und viel Angst. Das Krankenhaus muß man auch regel-mäßig bezahlen, und wenn es auch nicht viel ist, ist es wirklich schwer. Es ist überhaupt ziemlich unerträglich, den beweg-lichen und lachenden Jaromír so ohne eine Bewegung liegen zu sehen, die Frau ganze Nächte still weinen zu hören, fast schwinden sehen und nicht helfen können. Wenn er aus dem Krankenhaus überhaupt herauskommt – was wird dann wer-den? Ich kann überhaupt nicht daran denken. Es ist kein Geld da. Zwei Haushalte kann ich nicht führen und erhalten. Er wird – im besten Falle – ein schwerer Invalide bleiben: weder Kaffee, noch Cigaretten, noch Alkohol, weder Bewegung noch Sorgen. Die Frau ist wie ein erschreckter Vogel. Die Mutter ist hysterisch und böse. Und ich – ich bin ein wenig müde. Dabei denke ich, daß ich dasselbe schon vor einem Jahr behauptet habe – mein Gott, damals wollte ich müde sein?

Dann starb Čapek. Es war deshalb so erschütternd, weil nicht nur Čapek starb und weil Čapek nicht an der Lungenentzündung, sondern buchstäblich an gebrochenem Herzen starb. Er hätte alles ausgehalten, aber die Zeitungshetze hat er nicht ausgehalten. Es hat in den letzten Tagen ausgesehen, als ob Čapek an allem Schuld wäre, was hier geschehen ist. Man hat ihn einfach totgejagt, schmutzig, schmutzig, unsagbar erbärmlich. Dann war es schwer anzusehen, wie Peroutka verzweifelt war. Ich glaubte nicht, daß so etwas möglich wäre – daß er so fühlen kann. Ich habe ihm in diesen Monaten alles verziehen und noch ein wenig dazu. Er hält sich ausgezeichnet, mutig, tapfer, allein. Nur war er am Heiligen Abend, wo Čapek im Sterben lag, wirklich gebrochen, hat sich verlassen gefühlt und mutlos. Wir standen dort in dem Zimmer – Willi, es war, als ob alles schon zu Ende ginge. Dann hat man das Begräbnis gesehen – und erst in dem Augenblick habe ich begriffen, was Du an Masaryk geliebt hast. Es ist einfach ein Wunder, wie sich dieses Volk benimmt – an diesem kleinen Stückchen Erde, mit nackten Händen und so furchtbar arm! Die Menschen kamen strömend, und er ist schon eine Woche tot, und der Strom zu dem Grab hat noch nicht aufgehört. Immer kommen Menschen, vom Lande, von der Stadt, Kinder, Frauen, Arbeiter, Intellektuelle, es kommen so viele, daß sie nicht stehen bleiben können, sie müssen immer weitergehen, damit auch andere den kleinen Grab sehen. Und es ist nicht nur Liebe zum Čapek, es ist eben mehr, es ist eine Manifestation, ein Bekenntnis. Es ist ganz spontan und genauso überwältigend wie bei dem Tode von Masaryk. Deutschland ist so nahe – mein Gott, so nahe – Slowakei ist ärger als Deutschland – und noch näher. Es ist so winzig klein dieses Land hier. Aber es ist einfach erstaunlich, wieviel Gutes hier geschieht.

Die Arbeit: Du bekommst doch Přítomnost? Du kannst also sehen, daß sie gut ist und noch viel besser, daß sie tapfer und mutig und wirklich realistisch ist. Du kannst auch sehen, wie Du dort fehlst? Die erste Nummer ohne Dich, Willi? Deine zwei langen Briefe haben viele, viele Menschen glücklich gemacht. Nur mich haben sie ziemlich nachdenklich gemacht. Ich habe an ihnen so viel gelernt, daß ich fast traurig bin. Vor allem habe ich gelernt, daß das Schicksal – nicht ich – eine Grenze zwischen mich und andere Menschen schiebt, die ich liebe. Dann habe ich gesehen, daß das jüdische Schicksal anders ist als mein Schicksal. Ich will bei Gott nicht abmessen, welches schwerer ist. Aber die Juden müssen von hier wirklich weg. Ich gehe aber von hier nicht weg. Deshalb habe ich Dir einen extra Brief geschrieben, eben diesen, den ich zu dem Briefe Evžens heimlich beilege. Ich weiß, daß ich hier nur zwei Zoll zu verteidigen habe. Solange ich aber so schreiben darf wie ich eben darf, gehe ich einfach nicht fort. Es ist natürlich nicht abzumessen, wann der Augenblick kommen wird, wo auch ich – innerlich – weggehen kann. Aber ich kann und ich werde nicht früher gehen, bevor ich muß.

Andererseits: Evžen muß weggehen und zwar sehr rasch. Du schreibst, man soll sich um dringende Affidavits bei Dir melden: also, ich melde mich. Es ist dringend. Vor allem, weil er ein Slowake ist und ein solcher, der das Zeugnis der Unbescholtenheit nicht vorlegen kann. Es ist sogar wahrscheinlich, daß er, bevor er nach Amerika geht, nach Paris oder London wird gehen müssen, um die Zeit abzuwarten. Ich weiß auch gar nicht, ob es gelingt, ihn wegzubringen. Aber: und das meine ich wirklich tief ernst – wenn ich Dich im Leben um etwas bitten kann, dann um dieses: versuche es. Und zwar so, als ob es Dein Einfall wäre.

Wenn wir überhaupt daran denken sollten wegzufahren, dann nur so, daß E. zuerst wegkommt und uns dann holt. Wir können nicht alle drei auf einmal gehen. Es ist auch überflüssig, weil mir geschieht ja nichts, und ich habe hier vorläufig noch zu tun. Es ist nicht abzuschätzen, wie lange ich hier noch arbeiten kann. Jedenfalls viel länger als E. Und auch dann geschieht mir nichts anderes, als daß ich brotlos sein werde. Ihm aber droht unmittelbar – eben das andere Schicksal. Ich bin überzeugt, daß ich Dir nichts mehr schreiben brauche. Was er dort tun wird, ist allerdings eine andere Frage. Er ist aber gesund und jung. Er kann slowakisch, was in Amerika wahrscheinlich auch helfen kann. Und er ist selbstverständlich bereit, alles zu tun. Muß ich so geschmacklos sein und Euch versichern, daß er mit Euch nicht rechnet, weil er weiß, wie schwer ihr das selbst habt? Nein, das muß ich sicher nicht.

Das Ausbleiben von Deinen Artikeln ist eine unbeschreibliche Lücke, Willi. Peroutka behauptet, daß aus dem Brief – aus dem glücklichen Brief, der zeigt den Weg, welcher einige Juden aus der Hölle führt – eben zu viel Befreiung atmet, [als] daß Du freiwillig Dich in eine andere Situation hineindenken kannst. Ich muß sagen, ich war auch furchtbar erschrocken, als ich diesen Brief las. Es ist fast so, wie wenn man krank ist: man kann zwar sprechen, aber die Krankheit kann man nicht schildern. Ja, ich weiß, Du hast dieselbe Krankheit gehabt. Aber – gerade auf Schmerzen vergißt man so gut, weil man eben nicht leben könnte, wenn man nicht vergessen würde. Dazu kommt noch, daß für Deine čechišen Freunde kein Weg nach Amerika führt. Radl ist eben Radl. Es ist kein Wort wahr daran. Er ist weder Redaktor der LN noch der P, und er hat auch kein Geld bekommen, nur durch den Verlag sich Geld schicken lassen. Im Gegenteil: er ist rausgeschmissen worden, weil er – in London sofort nach München für hungernde čechiše Journalisten gesammelt hat, und weil wir uns alle dagegen gewehrt haben, obgleich ich, weiß Gott, einen Zehnkronenschein annehmen würde, allerdings nicht von londoner Sammelstellen. Man braucht Dich, und man braucht Dich unbeschreiblich. Man braucht Dich, wie man Dich noch nie gebraucht hat. Du kannst alles schreiben – natürlich gedämpft. Aber es gehen in der Zeitung mehr Gerüchte um, als es wahr ist. Das schlimmste ist, daß wir viel mehr machen, als es nötig ist. Als man von uns verlangt. Aber es geschieht hier nichts – Unkorrektes. Es geht alles ganz – korrekt zu. Nur gegen Juden geht man eben nicht korrekt. Gegen Tschechen geht man gar nicht. Aber die Tschechen gehen ... selbst, unaufgefordert. Nicht das Volk, nur večerníky.*

Und es wird übrigens auch hier kommen. Aber es ist noch lange nicht da. Der Verlust von Deinen Artikeln ist – auch ein sehr schwerer Verlust für mich und zwar rein finanziell. London ist schon besetzt – Erdély ist dort. Aber Lidovky sind schon ganz in Ordnung, Du kannst schreiben – schicke es direkt dem Fürth. Und Přítomnost war nie so in Ordnung. Schicke es direkt mir. Themen? Wie uns Amerika sieht? Was ist in Amerika los? Mein Gott, Du weißt es doch besser als ich. Amerika – Deutschland? Natürlich – korrekt geschrieben. Amerika – Rußland? Amerika auf der Wagschale? Wieviel wiegt es?

Du kannst ruhig sein, Willi. Solange ich hier bin, kommt kein Artikel von Dir an eine Stelle, wo er nicht hingehört, wenn Du so etwas meinst.

Nun, für heute kann ich nicht mehr. Ich habe einen einzigen persönlichen Wunsch: Euch noch einmal im Leben zu sehen. Ich denke immer an Euch. Ich habe Euch noch nicht eine Sekunde vergessen. Ich liebe Euch mehr, als ich Euch geliebt habe. Ich liebe vielleicht nur Euch auf der ganzen Welt.

* »die Abendzeitungen«

Deine Freunde, die Du mir vermacht hast, mag ich und mag ich nicht. Die Hoffmans und Polaček mag ich. Sie kommen zu mir, ich zu ihnen. Den Fredy mag ich sogar sehr. Den Weissbarth und den Reiner mag ich nicht – Gott, wie nicht! Sie machen nichts anderes als reiche Juden ins Ausland zu befördern – für sehr viel Geld. Vielleicht wäre es in Ordnung, aber sie schmeißen jeden armen Schlucker so brutal hinaus, daß ich nicht begreife, wieso es Deine Freunde sind.

Eine Briefmarke habe ich zwar versprochen – aber bekommen tu ich keine.

Lebt wohl, Kinder. Viel Glück, Willi! Ich bin sehr glücklich, daß Ihr dort seid – einmal werde ich Dir schreiben, wie ich verhindert habe, daß Du zurückkommst. Man hat Dich nämlich zurückverlangt – vom Ministerium her. Ich habe es eben nicht erlaubt. Kinder, es war meine größte Heldentat auf der Welt und in meinem ganzen Leben.
Peperl, Du hast so dreckig geschwiegen am letzten Telefon. Peperl, was macht Deine Nase in Amerika? Peperl, das Loch ist gar nicht mehr klein! Peperl, liebes Peperl, ich liebe Dich sehr.

Milena

Lesen kann ich es nicht mehr – sonst schicke ich es nicht weg, wie schon so viele Briefe! Herrgott, ich möchte schon einen langen Brief von Euch haben – und was für mich und nur für mich. Bescheidenheit war nie meine Stärke.*

(Im Original deutsch)

* Handschriftlicher Zusatz.

Teurer Willi,

ich habe Dir einige Briefe geschrieben, und es kommt keine
Antwort. Es ist furchtbar schwer, täglich auf die Post zu warten – aus Amerika. In Prag sind schon die Möwen, Willi. Du
fragst, warum ich Dir nicht in Dein neues Zuhause schreibe. In
ein so verändertes! Aber Willi: ist mein Zuhause nicht noch
viel veränderter als Deines? Prag steht nach wie vor. Meine
Wohnung ist so, wie sie war. Das gleiche Licht vor den Fenstern wie damals, als Du mich anriefst. Und doch liegt eine
ganze Welt dazwischen.

Heute nur ganz schnell: Du fragst, was Du für uns machen
kannst: ich bitte Dich, hilf Evžen von hier wegzukommen. Es
ist sehr dringend, Willi. Ich würde Dich nicht von hier aus
bitten, wenn ich einen anderen Rat wüßte. Wenn Du es nicht
kannst, schreib es mir gleich, ich bitte Dich.

Dann bitte ich Dich um drei Themen:

1.) Besteht eine Möglichkeit, wenn überhaupt, daß der Anti-
semitismus in Amerika Fuß faßt oder sich die europäischen
Ereignisse wiederholen. Was spricht dafür und was dagegen.
Und dabei viel über Amerika.

2.) In Amerika gibt es eine europäische Kultur: Film, Kol-
lisch, Toscanini, Bücher usw. Wie reagiert der unkomplizierte
Amerikaner darauf, von dem Du selbst schreibst, er wäre nicht
feinsinnig.

3.) Wie steht man in Amerika zu Roosevelt, für Roosevelt
und gegen Roosevelt? Wie sieht es aus und welche Bedeutung
hat es für die Welt und insbesondere für Europa?

Willi, um Gotteswillen, schreib es sofort und schick es, so
schnell Du kannst. Wir bemühen uns hier sehr. Es geht.
Peroutka ist bewundernswert und Přítomnost besser als je

zuvor. Du kannst Dich darauf verlassen, Willi, ich würde dort nichts hineinstecken, wenn es nicht mehr ginge.

Am Dienstag kommt Reiner zu mir. Angeblich fährt er zu Dir. (Ich weiß nicht, ob ich ihn dafür nicht erwürgen soll.) Ich sage ihm viel, was er Dir ausrichten kann. Aber glaube ihm nicht zu 100% – er ist in Panik. Glaube ihm nur zu 80%. Ich bitte Dich unendlich, unendlich, laß mich nicht ohne Nachrichten und schreibe Artikel. Ich bitte Dich ganz ernsthaft darum, Willi.

Sonst, ich schreibe Dir bald wieder. Ich bitte Dich nur: schreibe. Du kannst dir nicht vorstellen, wie wir es brauchen. Přítomnost bekommst Du jetzt regelmäßig, ich habe gefragt. Bekommst Du sie? Aus ihr kannst Du auch viel erfahren. Und was sagst Du zu ihr? Und warum schreibst Du nicht?

Und: ich werde auf der Welt wohl niemanden so gerne haben wie Dich. Weißt Du es nicht mehr?

Grüße und küsse Steffi – ich werde Euch einen längeren Brief schreiben – jetzt nur die Themen. Der Boss bittet Dich darum – er ist in die Berge gefahren, und ich bin damit allein hier. Hilf mir doch!

Milena

[Mai 1939]

Meine lieben Kinder,

– ich weiß wirklich nicht, wie ich Euch danken soll. Es ist so unglaublich stärkend zu wissen, daß man in der Welt solche Freunde hat. Ich danke Euch für Evžen, Willi und Steffi. Ich danke Euch, daß Ihr ihm geholfen habt. Als er abgereist war, stellte ich plötzlich fest, daß ich ihn doch lieber habe als Euch beide – lange Zeit dachte ich, daß dem nicht so sei. Ich habe

Euch also alle furchtbar gerne, alle. In der Palacká Straße habe ich Steffi verloren, in Německý Brod Willi und Evžen – Evžen bog um die Ecke, ich sah ihn vom Fenster aus, wie er um die Ecke bog, die Ecke ist immer noch da, manchmal denke ich, ich müßte nur runterlaufen, um die Ecke gehen und Evžen macht Buh, um mir einen Schrecken einzujagen. Manchmal kann ich in der Nacht nicht schlafen, weil es mir scheint, er sitzt irgendwo in der Welt auf einem Feldrain und ihm ist kalt. Solche primitiven Vorstellungen von Schwierigkeiten hat man. Aber Evžen ist nicht kalt, Ihr habt ihm sehr geholfen, er hält sich ausgezeichnet und er wird sich auch weiterhin ausgezeichnet halten. In einer Woche wird er wohl in London sein und in einem Jahr bei Euch. Erst dann werden wir sehen, wie er sich behauptet. Aber es ist, denke ich, sehr gut, daß er von hier weg ist.

Dr. Artur fährt weg, er rief mich an, damit ich Euch etwas ausrichten lasse. Er war sehr verwundert, als ich Euch meine Grüße sowie meinen Dank für Evžen übermittelt habe. Aber was soll ich ausrichten, Willi. Du weißt sowieso alles. Vielleicht weißt Du mehr als ich. Und vielleicht weißt Du es anders. Mir scheint immer noch, daß man hier arbeiten muß. Schreibe mir, was Du davon hältst. Meinem Gefühl nach soll man gerade jetzt hier am Ort bleiben, mehr denn je. Ich möchte nur, daß es etwas Gutes bringt, wenn ich schon hier am Ort bleibe. Vielleicht wird es dem Volk, das ich so liebe, und dem Land, das ich so gerne habe, doch einen Nutzen bringen. Schreibe mir darüber, Willi. Schreibe mir ruhig an die alte Adresse, ich werde nicht umziehen, auch wenn Evžen jetzt weg ist. Honza will Evžens Zimmer für sich haben, und wir bleiben hier zusammen. Schreibe mir bestimmt, und schreibe mir auch, ob Du nicht etwas brauchst oder überhaupt jemand von Euch dort. Solange ich in meiner Wohnung wohne, kann ich alles einrichten und ausrichten, was ihr brauchen könnt. Ich kenne hier eine Menge Leute und spreche mit vielen Menschen; wenn Ihr irgendeine Hilfe oder Intervention braucht, kann ich mich darum kümmern, und ich tue es sehr gerne.

Hier fällt es einem schwer zu schreiben und zu arbeiten. Ich würde den Menschen bessere Nerven wünschen – ich würde ihnen gerne etwas von den meinen geben. Ich bin, Willi, wieder so, wie ich war, als ich Euch kennengelernt habe: wie aus Eis, ich fühle nichts mehr, es tut mir nichts mehr weh. Ich habe nur ein wahnsinniges Bedürfnis nach der Arbeit. Übrigens, Du sollst mir nicht alles glauben, Kritik ist gut für mich, wenn sie scharf und hart ist, Willi.*

Was muß eigentlich geschehen, daß Steffi ihre Scheu vor dem Schreiben überwindet und mir einen Brief – einen wirklichen Brief schreibt? Wenn Rußland dem Antikominternpakt beiträte, würde ich von Steffi endlich ein paar Worte bekommen? Ich glaube, dann wäre es wirklich höchste Zeit. Bis dahin kann sie nur ruhig überlegen, ob man Freunden lieber gar nichts sagt, wenn man ihnen nur wenig sagen kann. (Ich sitze und schäme mich.)

Wenn man nur wüßte, was man diesem Volk wünschen soll? Bei Gott – und Du weißt genau, daß ich nicht heute, sondern immer gedacht habe, Dir kann ich es schreiben – bei Gott, ich wünsche diesem Volke nie mehr einen Dr. Beneš. Wenn Du miterlebt hättest, wie kläglich seine letzten Worte waren, wie kurzsichtig sein Verhalten, wie kleinmütig die Worte vom Plan, die Idee, dem Volke von einem Schauspieler Štěpánek die Botschaft sagen zu lassen – nein, nie mehr. Es ist ein wunderbares Volk ohne Politikergarnitur. Es gibt keine politische Persönlichkeit hier, weder hier noch sonstwo. Es gibt auch keine politische Konzeption –

Von einem neuen Widerstand zu träumen, ist ein gefährlicher Unsinn. Die Tschechoslowakei wird nie wieder die

* Die nächsten zwei Absätze schreibt Milena deutsch.

Tschechoslowakei sein – unter keinen Umständen. Das Schicksal Böhmens ist mit dem Schicksal Europas verbunden – und nach meiner Einschätzung ist dieses Schicksal für viele Jahre entschieden. Ich weiß nicht, ob ich nicht irre. Ich möchte wissen, was Du dazu sagst.

Wenn Du etwas schreiben könntest, was sehr wahrscheinlich mehr als schwer ist und wohl unmöglich – wäre es wunderbar. Du müßtest Dich allerdings in unsere Denkweise und in die Verhältnisse hineindenken. Sonst hast Du aber den Tschechen Unrecht getan: sie haben nichts ohne Druck unternommen. Und umgekehrt, sie haben furchtbar bezahlt, daß sie dem Druck nicht nachgegeben haben. Ich erzähle Dir jetzt zwei Anekdoten. Eine habe ich selbst erlebt. Die zweite ist fast wie eine jüdische Anekdote: blutig. Auf Perstýn – vor dem Haus, das Du so gerne hattest – stehen nun Tausende von Menschen. Nach vielen, vielen Stunden bist Du endlich an der Tür angelangt und plötzlich streckt jemand den Kopf heraus und schreit: Juden raus! Danach streckt jemand anderes den Kopf heraus und sagt auf tschechisch: wir bitten die Herren Israeliten sehr, freundlicherweise nach Hause zu gehen. Man würde sie sowieso hinauswerfen.

Und die Anekdote: auf Blaník* steht eine Aufschrift: Jungs, laßt Euch nicht provozieren!

Könntest Du nicht etwas über die Kominterna-Pest in Amerika schreiben? Ich habe mit Deinem Freund Doktor Legetimist gesprochen. »Oje, Willi, was für lausige Freunde Du hattest! Ilonka beliebt zu huren.« Er ist sehr antisemitisch und vor allem ganz durchdrungen – womit? Ja, ich habe den Namen vergessen. Es gibt auch herrliche Freunde. Vor allem Fredy und seine Frau. Da wirst Du staunen: ich liebe die Frau

---

* Ein sagenumwobener Berg ca. 70 km südöstlich von Prag gelegen. Nach der Sage schlafen im Berg Ritter, die im Falle einer Bedrohung dem Land zu Hilfe kommen werden.

sehr. Ich liebe ihr Gesicht und ich liebe Fredy. Ich gehe fast täglich hin. Ich gehe auch leidenschaftlich gerne hin. Ich habe sie so lieb, wie Evžen und Dich und Peperl. Grüße Frau Reiner von mir sehr herzlich, bitte.

Mein lieber Willi – und dabei sehe ich noch immer nicht wie eine Gräfin aus.

Bitte, schicke mir die Briefmarken! Mein Gott, wie kannst Du mit Briefmarken so geizig sein? Es ist doch das einzige, was ich habe, und das habe ich nicht?

Willi, Du bist mir 27 Stunden schuldig. Tut es Dir heute nicht leid?*

Ich liebe Euch sehr. Ich bin Euch zutiefst dankbar, mehr als ich sagen kann, mehr als ich aussprechen kann. Ich werde es Euch nie, nie vergessen, ich werde Euch immer lieben, immer an Euch denken, irgendwie werde ich es Euch – wie sagt man odplatit?** – schon dadurch, daß ich gute Nerven, guten Mut und die Liebe zum Leben behalte. Vielleicht denkst Du nicht daran, Willi, aber es blüht Flieder hier. Du könntest einen Artikel schreiben, den Du diesmal einer Pragerin widmen könntest.

Auf Wiedersehen – und ich bitte Euch: schreibt mir!

Wenn Du Deinem Freund in die Schweiz schreiben solltest, sag ihm, ich danke ihm aus tiefem Herzen für sein letztes Buch. Ich bin hier allein mit dem Buch geblieben, allein in der Wohnung, allein in der Stadt, allein in der Heimat und doch nicht allein mit diesem Buch.

* Nach diesem Satz schreibt Milena bis zum Ende auf deutsch.
** »vergelten«

V

1939–1940

Die Jahre 1939 bis 1940 sind im Leben von Milena Jesenská die
Zeit des Abschieds. Nach der Besetzung des Restes der Tschechoslowakei durch die deutsche Wehrmacht am 15. März 1939
verlassen die letzten jüdischen Freunde und deutschen Emi-
granten Prag. Milena Jesenská betätigt sich in dieser Zeit selbst
als Fluchthelferin. (56 Jahre später wird ihr dafür von der Yad
Vashem Gedenkstätte in Jerusalem die Auszeichnung der
»Gerechten unter den Nationen« verliehen.) Auch der erste
Mann Milenas, Ernst Polak, ausgestattet mit einem Brief der
Přítomnost, der ihn als deren Korrespondent ausgibt, und ihr
letzter Lebensgefährte Evžen Klinger verlassen zu dieser Zeit
Prag. Den Brief an die Mitarbeiterin aus Národní listy, Rokyta
Illnerová-Kučerová, wird Milena Jesenská als Kassiber, auf
einem Wäschestück geschrieben, aus dem Gefängnis in Prag-
Pankrác schmuggeln, nachdem sie am 11. November 1939 ver-
haftet worden war. Der undatierte Brief an die Tochter Honza
wurde sehr wahrscheinlich vor dem Abtransport nach Dresden abgeschickt, wo Milena Jesenská im Frühjahr 1940 vor
Gericht gestellt wurde. Ihre Briefe aus dem Konzentrationslager Ravensbrück, wo sie 1944 starb, hütete nach dem Tod des
Vaters, Professor Jesenský, jahrelang eine Freundin der Familie. Der Verbleib dieser Briefe ist heute unbekannt.

Ernst Polak 1913

Briefe an
Ernst Polak

Týdenik
Přitomnost
Redakce

Dr. Arnošt Polak, Praha 1., Konviktská 5
November 18th, 1938

Dear Dr. Polak,

refering to our verbal communication we confirm the follo-
wing agreement. You will send us twice a month at least arti-
cles / 3 – 4 typed pages each / about cultural life in London
respective England, concerning especially literature, theatre,
science and social life.

We engage ourselves to pay for every article Kčs 350,–
which amount we shall remit regularly every month, thus Kčs
700,– at least, by the Národní banka / National Bank of Pra-
gue / to your adress: 74, Fellows Road, London N.W. 3.

In case you should not meet our engagements for the time of
six weeks without giving your reasons we regard this agreement as null and void.

The office of our paper defrays the expenses of the translation.
Yours faithfully

Přítomnost
Milena Jesenská

Lieber Ernst,

es tut mir leid, daß es Dir so schlecht geht, und es tut mir leid, daß Du so traurig bist. Sehr wahrscheinlich kann ich es mir nicht richtig vorstellen, aber wie sollte ich auch, daß Du so allein bist, wenn dort so viele Bekannte sind?

Heute bekam ich aus Gdynie einen Brief von Evžen, daß er unterwegs nach London sei. Diese Tage ist er wahrscheinlich schon in London. Seine Adresse weiß ich nicht, schreibe mir, ob ich sie Dir schicken soll, sobald ich sie erfahre. Ich weiß überhaupt nicht, wie seine Situation ist. Wohl ähnlich. Nur, er ist ein Mensch, den nichts aus der Fassung bringt. Vielleicht wäre es gut, wenn Du mit ihm sprechen könntest – jede Sache hat verschiedene Gesichter. Wenn Du willst, kannst Du es auch anders sehen und nicht so trostlos. Er wird sich sicherlich irgendwie um die Tschechen dort kümmern, und vielleicht könnte er sich auch um Dich kümmern – oder auch Dir helfen; nur, ich weiß überhaupt nichts Bestimmtes. Evžen ist so schnell weggefahren, es war ein solcher Sprung ins Ungewisse, daß ich mir nicht vorstellen kann, wie er leben wird. Wenn Du willst, schreibe mir, und ich schicke Dir seine Adresse, sobald ich sie bekomme.

Mir geht es gut, bin gesund, wenn es auch um meine Gesundheit schon ziemlich wackelig steht. Ab und zu kommt ein Arzt zu mir, und es ist gut möglich, daß ich ins Krankenhaus gehen muß. Vorläufig hat er mir mit dem Krankenhaus nur gedroht – er weiß, wie ich Krankenhäuser liebe –, damit ich mich schone. Aber Du weißt doch, wie soll sich ein armer Mensch schonen? Das ist aber schon eine ziemlich alte Geschichte, etwa einen Monat. Jetzt, diesen Monat geht es mir ausgezeichnet, nur Geld habe ich keines.

Ich würde Dir sehr gerne helfen, aber wie? Geld habe ich nicht, und selbst wenn ich es hätte, könnte ich es Dir nicht schicken. Und mit einem Brief kann man nicht sehr viel bewirken. Heute haben wir den 15. Mai: ganze zwei Monate hast Du gebraucht, um zu schreiben! Das ist ein Tempo! Fast englisch!

Irgendwie habt ihr Hans* hier vergessen – wie im Kirschgarten zum Schluß den Großvater, erinnerst Du dich? Er taumelt von einem Gönner zum anderen, aber jeder schmeißt ihn raus. Ich weiß nicht einmal, ob er mir leid tut – es ist so viel, was einem leid tut, daß für einen kleinen Menschen kaum mehr etwas übrigbleibt.

Die Arbeit ist – was soll ich Dir erzählen. Und dabei ist Prag zauberhaft schön, alles blüht auf einmal, Holunder, Akazien und Jasmin. Du weißt wahrscheinlich nicht, was das ist, aber kannst es Dir sicherlich vorstellen. Weißt Du, es geht nicht darum, was tun in London oder was tun in Prag. Es geht darum – überhaupt etwas zu tun. Ich gebe zu, daß mir auch das Bild der herbstlichen Straße und das beleuchtete Fenster von Thomas' Zimmer – erinnerst Du dich? – oft einfällt. Aber hier neben mir steht ein Mädchen, das vor der Aufnahmeprüfung fürs Gymnasium steht. Es ist lebenshungrig und sehr schön. Irgendwo geht es weiter. Ich weiß nicht, wie alles ist, wohl traurig. Möglicherweise vergeblich.

Laß es Dir gut gehen und halte Dich tapfer. Laß keinen Schmerz an Dich ran. Wie wäre es, wenn Du versuchtest, einige tschechische Bücher ins Englische zu übersetzen, vielleicht noch mit jemandem zusammen? Gäbe es dafür kein Interesse?

Auf Wiedersehen? Ich weiß nicht. Vielleicht leb wohl. Wie viele Freunde habe ich jetzt in der Welt, o Gott! Macht nichts, Täubchen. Es vergeht.

*Hans Krása (1899–1944), Prager Komponist und Autor der in Theresienstadt aufgeführten Kinderoper »Brundibár«, starb in Auschwitz.

Evžen Klinger 1948

Brief an
Evžen Klinger

[...] ein Lagerfeuer, zum ersten Mal im Leben sehe ich klar, daß ich bin. [...] Es ist überhaupt nicht schlimm, solange es Honza gibt und vor allem Dich, Včounek*.

Wenn Du ohne mich ein halber Mensch bist, dann bin ich ohne Dich ein erledigter. Ich hatte im Juli wohl viele Dummheiten und viel überflüssiges Zeug gemacht. Verzeihst Du mir, bitte? Und soll ich alles beichten? Es ist nicht nötig, nicht wahr? Ich bin froh, daß ich von Fredys weg bin, sie hätten mir wirklich das Trinken beigebracht. Ich weiß nicht, was mit ihnen los ist. Aber ich habe sie sehr gerne. Včounku, noch einmal also: ich kann nicht den gleichen Weg nehmen wie Du. Das ist heute ein Weg nur für denjenigen, der schon das Affidavit hat. [...]

Du hast mir keine Antwort auf meinen Plan für das Buch gegeben? Wenn Du willst, schicke ich Dir sofort jedes Kapitel. Ich würde es mir so vorstellen: ich werde schreiben, schreiben, immer weiter schreiben, wirkliche Namen und wirkliche Dinge, wie ein Brief an Dich, und Du wirst es redigieren, zusammenstreichen, die Namen durch andere ersetzen – und so.

Irgendwo dort ist Fürth mit einem neuen Verlag, ich schicke Dir die Adresse, wenn ich sie erfahre – vielleicht ginge es?

Schreibe mir, soll ich? Zum ersten Mal packt es mich wie ein Fieber. Vielleicht könnte ich es? Soll ich Dir mehr darüber

* Klingers Kosename.

schreiben? Ich küsse Dich, Lieber, schreibe mir nach Prag, in einer Woche muß ich nach Hause.

Mein lieber einziger Včounku, ich küsse Dich.

Brief an
Rokyta Illnerová-Kučerová

[Januar/Februar 1940]

Teure Rokyta,

erst jetzt habe ich erfahren, daß Sie hier die Päckchen abholen. Ich werde mich Ihrer schönen Geste erst wert erweisen müssen. Ich schäme mich, nur danke zu sagen. Wie wenig ist es. Sie wissen nicht, wie es mir hilft. Es geht mir gut. Ich bin gesund. Ich habe keine Ahnung, wie lange es noch dauern wird. Es scheint, sie vermuten, ich verheimliche etwas, aber ich kann wirklich nichts sagen, wenn ich nichts weiß, und das verzögert wohl alles. Einmal müssen sie aber selbst einsehen, daß ich nichts weiß. Man sagt, es wird vor dem 15. März eine Amnestie geben, aber darüber sprach man auch schon vor Weihnachten. Solange wir in Prag sind, besteht die Hoffnung, daß ich nach Hause komme. Wenn man mich abtransportiert, sollen Sie keine Angst um mich haben, ich werde wieder unter unseren Leuten sein und alles gut ertragen, das weiß ich inzwischen. Meine größte Sorge gilt Honza. Ich weiß, sie hat mehr als sie braucht, aber nur Sie, Rokyto, können überblicken, wie sie sich entwickelt. Ich spüre es förmlich, sie lebt wieder in einer Ausnahmesituation, verläßt sich darauf und lernt nicht. Außerdem fürchte ich, daß Joši zu gütig zu ihr ist: Honza ist ein fabelhaftes Mädchen, aber auch ein ziemliches Biest, und es ist wirklich ungeheuerlich wichtig, unterscheiden zu können, wann sie sich herausredet. Joši weiß dies wohl, denkt aber vielleicht, es sei mir nicht lieb, wenn sie zu energisch eingreift. Ich bitte Sie sehr, kümmern Sie sich darum. Joši und Fredy verhalten sich so ausgezeichnet; manchmal kann ich nachts nicht schlafen bei dem Gedanken, ob Honza sie nicht zu sehr quält. Sie hält es sicherlich für selbstverständlich, bei ihnen zu sein, dafür ist sie wirklich viel zu klein, erklären Sie es ihr, bitte. Sagen Sie Fredy, das alles komme davon, daß er so grimmig war. Er solle sich für die Zukunft merken, daß er für seine Grimmigkeit ein unmögliches Kind bekommt und eine Katze dazu als Dreingabe. Ich küsse sie beide, weiß wirklich nicht, was ich ohne sie gemacht hätte. Nur, ewig kann Honza dort nicht bleiben. Ich habe mir als Grenze den 15. März gesetzt. Wenn sich nichts ändert, wird man an eine definitive Lösung denken müssen. Fragen Sie Míla, ob die Zugehfrau von Brunclíks, Frau Mlejnská, zu Hause ist. Wenn nicht, dann ist sie in Deutschland. Eine fabelhafte Frau. Das Schlimmste ist der tschechische Charakter. Es ist schrecklich, Rokyto. Zwei Drittel der Menschen hier wurden von Tschechen angezeigt.

Brief an die Tochter
Jana (Honza) Černá

[Frühjahr 1940]

Meine teure Honzička,

ich will Dir nur sagen, daß Du ruhig und fröhlich sein
kannst, ich bin gesund und freue mich unermeßlich, daß ich
Dich sehen werde. Jetzt fahre ich wieder weg, es wird aber
hoffentlich nicht lange dauern. Du wirst mich sicherlich besuchen können, und ich bitte Dich, es zu tun, der Großvater
kann wohl nicht so weit mit Dir fahren, aber Dein Vater
Jaromír wird sicher gerne fahren und Dich begleiten. Du sollst
lieb sein zum Vater, Honza, und ihn gerne haben, der Vater ist
gut und lieb, ich habe ihn auch gerne. Aber vor allem, Honza,
ich bitte Dich ganz ernst, alle Wünsche vom Großvater zu
befolgen und ihm aufs Wort zu gehorchen. Der Großvater ist
fabelhaft, Honzo, und er verhält sich wunderschön zu mir wie
zu Dir, und alles, was er von Dir verlangt, macht er nur für
Dich und Deine Zukunft. Du wirst mir eine riesige Freude
machen, wenn ich hören werde, daß Du gehorchst, Honzičko,
ich bitte Dich ganz ernsthaft darum. Sonst sollst Du Dir vorstellen, mein Mädchen, daß wir einmal wieder ein Zimmer für
uns haben werden, wenn nicht unser altes, weine nicht, dann
ein anderes; wir werden immer ein schönes für uns finden, und
wir werden abends zusammenliegen und plaudern, ich werde
Dir so viel erzählen, und Du wirst mir alles über Dich erzählen, nicht wahr, ganz aufrichtig, mehr als Deiner besten Freundin. Du wirst mir alles erzählen, mein liebes, bestes Mädchen.

Jana (Honza) Černá 1962

Honzo, ich bitte Dich, schreibe mir öfter, als es erlaubt ist, einen Brief von einem Kind geben sie mir immer, weißt Du? Und schreibe mir richtig, Honzo, wichtige Dinge, mich interessiert alles, was Dich betrifft, jede Kleinigkeit. Stelle Dir vor, ich warte jeden Tag, jeden Tag, egal, was Du gerade tust, immer sitze ich irgendwo und warte, Honzo, auf ein Wort von Dir, ganze Monate habe ich nichts auf der Welt, nur diese Sätze von Dir; ich kenne sie auswendig. Honza, Du hast mir einmal geschrieben, Du wirst mich gerne haben, wenn ich einmal alt bin – erinnerst Du Dich? Ich bin es schon, mein Liebes. Eine alte Mutter, die nichts hat, nur Dich, aber das ist ungeheuerlich viel, ich bin ungeheuerlich reich, Honzo, und glücklich, daß ich Dich habe. Aber denke daran, Mädchen, und laß mich nicht warten, und mache mir Freude damit, daß der Großvater mit Dir zufrieden ist. Ich küsse Dich, ich freue mich unsagbar auf Dich, ich freue mich auf den Tag, an dem ich zu Dir werde kommen können, mein allerliebster Kamerad.

Deine Mutter

Danksagung

Wie immer bei solchen Vorhaben, war auch in diesem Fall die Herausgeberin auf die Hilfe und Bereitschaft anderer Menschen und Institutionen angewiesen. Ihnen allen, die Briefe oder Photographien zur Verfügung gestellt haben, möchte ich an dieser Stelle herzlich danken; namentlich dem Literaturarchiv des Denkmals des tschechischen Schrifttums in Prag, dem Deutschen Literaturarchiv in Marbach, Henriette Dörflová, Staša Fleischmannová, Stefan Haidenthaller, Dagmar Hochová, Marie Jirásaková, Ulrich Weinzierl und – last but not least – für die wache Mitarbeit auch der Lektorin des Bollmann Verlages Imke Krüger.

Lebensläufe

Milena Jesenská

1896   Milena Jesenská wird am 10. August als Tochter von
Dr. Jan Jesenský (Professor für Zahnmedizin an der Karlsuniversität) und seiner Frau Milena Hejzlarová in Prag geboren.

1907–1915   Milena besucht das tschechische Mädchengymnasium »Minerva«, das erste Mädchengymnasium in Öster-
reich-Ungarn.
Ihre Jugend wird überschattet von der schweren Krankheit
der Mutter.

1913   Tod der Mutter.

1915–1917   Ein Medizinstudium bricht sie nach 4 Semestern
ab. Intensives Leben in der Prager Kaffeehausszene.

1916/17   Beziehung zu Ernst Polak gegen den Widerstand
des Vaters, der sie im Sommer 1917 in eine psychiatrische
Anstalt einweisen läßt.

1918   Heirat mit Ernst Polak am 16. März und Umzug nach
Wien.
Milena nimmt am Leben der literarischen Bohème im Café
Central und Café Herrenhof teil.

1919 In der Zeit der Not nach dem Zusammenbruch der k.u.k. Monarchie beginnt Milena Jesenská auf der Suche nach Verdienstmöglichkeiten, Artikel und Feuilletons für tschechische Zeitungen zu schreiben. Der erste Artikel erscheint in der Zeitung »Tribuna« am 30. Dezember.

1920 Erste Erfolge als Journalistin; Beginn der Beziehung zu Franz Kafka, dessen Erzählungen sie ins Tschechische übersetzt.

1921 Die Beziehung zwischen Franz Kafka und Milena Jesenská endet allmählich.
Beginn der Zusammenarbeit mit der Zeitung »Národní listy«, in der sie später die Moderubrik übernimmt. Zahlreiche Übersetzungen deutscher und englischer Literatur.

1924 Trennung von Ernst Polak und Abschied von Wien.

1925 Zusammen mit Franz Xaver Graf Schaffgotsch verbringt Jesenská fast ein ganzes Jahr bei ihrer Freundin Alice Rühle-Gerstel in Buchholz bei Dresden.

1925/26 Nach ihrer definitiven Rückkehr nach Prag findet Jesenská, inzwischen eine erfolgreiche Journalistin, ihr zweites Zuhause im Kreis der tschechischen Avantgarde. Hier lernt sie ihren zweiten Mann, den Architekten Jaromír Krejcar, kennen.

1928 Geburt der Tochter Honza. Eine schwere Gelenkentzündung fesselt sie für Monate ans Bett und hat eine Versteifung des rechten Knies zur Folge.

1929 Ende der Zusammenarbeit mit »Národní listy«; Jesenská wendet sich linken Zeitungen zu.
Die neue Wohnung der Familie in der Francouská Straße in den

Weinbergen dient den von der Polizei gesuchten Funktionären der KPTsch häufig als Unterschlupf.

1934 Ende der Ehe mit Jaromír Krejcar, der für drei Jahre als Architekt in die Sowjetunion geht.
Jesenská arbeitet für kommunistische Zeitungen; ihre Unzufriedenheit mit der eigenen Arbeit und dem wachsenden ideologischen Druck innerhalb der KPTsch wächst.

1936 Trennung von der Kommunistischen Partei und Beginn der Zusammenarbeit mit der Zeitschrift »Přítomnost«.

1937–1939 Entziehungskur im Februar 1937. Fest angestellt in der »Přítomnost«-Redaktion schreibt Jesenská eine Reihe von Reportagen und Artikeln über aktuelle Probleme der Zeit, insbesondere über die Flüchtlinge und die Lage in den tschechischen Grenzgebieten. Der Höhepunkt ihrer journalistischen Laufbahn.

1939 Nach der Besetzung des Restes der Tschechoslowakei betätigt sich Jesenská als Fluchthelferin. (1995 wird sie dafür von dem Yad Vashem Museum als »Gerechte der Nationen« ausgezeichnet.) Sie arbeitet weiter bei »Přítomnost« und für die illegale Zeitschrift »V boj«.
Am 11. November 1939 wird sie von der Gestapo verhaftet.

1940 Mangels Beweisen vom Gericht freigesprochen, wird sie in das Konzentrationslager Ravensbrück deportiert. Hier lernt sie ihre erste Biographin Margarete Buber-Neumann kennen.

1944 Am 17. Mai stirbt Milena Jesenská an den Folgen einer Nierenoperation in Ravensbrück.

Max Brod (1884–1968) Publizist, Lyriker und Romancier, machte sich vor allem als Kulturvermittler, Spiritus agens des Prager Literatencafés Arco und unermüdlicher Propagandist und Editor des Werkes seines Freundes Franz Kafka einen Namen. In den zwanziger und dreißiger Jahren arbeitete Max Brod als Redakteur beim Prager Tagblatt, nach seiner Flucht nach Palästina (1939) wurde er Dramaturg am Habimah Theater in Tel Aviv. Der Kontakt zwischen Max Brod und Milena Jesenská kam über Franz Kafka zustande.

Jana (Honza) Černá (1928–1981), einzige Tochter Milena Jesenskás aus der Ehe mit Jaromír Krejcar, gehörte nach dem Krieg dem Umfeld der Prager Surrealisten an. Nach vielen Berufswechseln begann sie in den sechziger Jahren wieder zu schreiben und veröffentlichte zwei Prosabände »Nebly to moje děti« (Es waren nicht meine Kinder) und »Hrdinství je povinn « (Heldentum ist obligatorisch). Ihre Erinnerungen an die Mutter mit dem Titel »Adresát Milena Jesenská« (Adressat Milena Jesenská) durften 1969 in der Zeit der zunehmenden Normalisierung nicht mehr ausgeliefert werden; die Auflage wurde makuliert. Jana Černá, Mutter von fünf Kindern, starb 1981 an den Folgen eines Autounfalls.

Karel Hoch (1884–1962) Journalist, Historiker und Publizist, gehörte zu den profiliertesten politischen Publizisten in der tschechischen Presse. 1921–1926 widmete er sich als Chefredakteur der führenden tschechischen Tageszeitung Národní listy vor allem der neueren Wirtschaftsgeschichte und der politischen Geschichte Böhmens. Karel Hoch sprach, wie sich seine Tochter Dagmar Hochová erinnert, von Jesenskás journalistischen Können immer in Superlativen und hielt sie für die vielleicht Begabteste unter den jungen tschechischen Journalisten der zwanziger Jahre.

Adolf Hoffmeister (1902–1973)   Literat, Zeichner und Karikaturist, von Beruf Rechtsanwalt, gehörte in den zwanziger Jahren zu den treibenden Kräften der tschechischen Avantgarde. 1939–1945 im Exil, arbeitete er nach seiner Rückkehr im Informationsministerium. 1948–1951 ging er als Botschafter nach Frankreich, später lehrte er als Professor an der Hochschule für angewandte Kunst in Prag. In den zwanziger Jahren gehörte Adolf Hoffmeister zu dem engen Freundeskreis Milena Jesenskás und ihrer Freundin Staša Jílovská.

Albína Honzáková (1877–1973)   Doktorin der Philosophie, gehörte der ersten Generation der akademisch gebildeten tschechischen Frauen an. (Ihre Schwester Anna war die erste tschechische Frauen- und Kinderärztin.) Honzaková wirkte dreißig Jahre als Geschichtslehrerin auf dem Mädchengymnasium »Minerva« in Prag. Außerdem war sie im tschechoslowakischen wie auch dem internationalen Frauenrat und dem Verband der Akademikerinnen tätig.

Marie Hübnerová (1866–1931), große tschechische Schauspielerin und langjähriges Mitglied des Nationaltheaters, war eine Repräsentantin der realistischen Schauspielkunst.

Rokyta Illnerová-Kučerová (1900–1987)   gehörte in den zwanziger Jahren zu Milenas Mitarbeiterinnenteam der Frauenseite von Národní listy. Nach der Verhaftung Milenas 1939 kümmerte sich Rokyta Illnerová, die in der Nähe Milenas wohnte, zusammen mit der Familie Mayer um die kleine Honza und holte jede Woche im Gefängnis Milenas schmutzige Wäsche und ersetzte sie durch frische. Nach dem Krieg arbeitete Rokyta Illnerová im jüdischen Museum.

Stanislava (Staša) Jílovská (1898–1955), geb. Procházková, Zeitungsredakteurin, Übersetzerin (u. a. Joyce) und Verlagslektorin, arbeitete nach dem Krieg als Referentin im Informationsministerium. Seit der gemeinsamen Jahre auf dem Mädchengymnasium »Minerva« verband Milena Jesenská und Staša Jílovská eine enge Freundschaft.

Evžen Klinger (1906–1981) Lebensgefährte Milena Jesenskás in den Jahren 1934–1939, kommunistischer Funktionär, Journalist und Übersetzer, ging 1939 ins Exil nach England. Nach dem Krieg im Außenministerium tätig, wurde Klinger im Zusammenhang mit den Prozessen gegen Slánský und Clementis verhaftet und zu sieben Jahren Gefängnis verurteilt. Nach fünf Jahren entlassen, lebte er zurückgezogen in Prag.

Marie Kvasničková, Kindermädchen bei Zdenka Wattersonová, half manchmal auch Milena Jesenská bei der Betreuung der kleinen Honza.

Ernst Polak (1886–1947) Bankbeamter von Beruf, Literat aus Berufung, war Milena Jesenskás erster Mann und unwillkürlicher Gegenspieler Franz Kafkas. Nach dem Anschluß Österreichs flüchtete er 1938 aus Wien nach Prag. Nach dem Münchner Abkommen half ihm Milena Jesenská mit einem Mitarbeitervertrag der Zeitschrift Přítomnost bei der Emigration nach England, wo er 1947 starb. Als profunder Literaturkenner, später auch als sensibler Kritiker und literarischer Berater insbesondere Franz Werfels und Hermann Brochs, hat sich Polak im Wiener Literaturkreis des Cafés Herrenhof einen Namen gemacht.

Karel Scheinpflug (1869–1948) Redakteur von Národní listy, trat auch als Dichter, Dramatiker und in seiner Zeit erfolgreicher Romancier hervor. Karel Scheinpflug war der Vater der Schauspielerin Olga Scheinpflugová.

Olga Scheinpflugová (1902–1968), bedeutende tschechische Schauspielerin, Mitglied des Nationaltheaters, wurde bekannt als Autorin von Romanen und Erzählungen. Zu ihrem Freundeskreis gehörte auch Ferdinand Peroutka (1895–1978), der Chefredakteur der Wochenzeitung »Přítomnost«, bei der Milena Jesenská in den Jahren 1937–1939 arbeitete. Seit 1935 bis zu seinem Tode (1938) war Olga Scheinpflugová mit dem grossen tschechischen Schriftsteller und Dramatiker Karel Čapek verheiratet.

William S. Schlamm (1904–1978)   In den zwanziger Jahren ein kommunistischer Journalist und Redakteur der Wiener »Roten Fahne«, brach nach einem Verfahren in Moskau mit dem Kommunismus, blieb aber nach wie vor links eingestellt. 1933 übernahm er von Karl von Ossietzky die Leitung der »Weltbühne«, seit 1934 lebte er in der Emigration in Prag. In Prag gab er die »Europäischen Hefte« heraus und schrieb Artikel und Kommentare für die tschechische politische Zeitschrift »Přítomnost«. Aus dieser Zeit stammt die Freundschaft des Ehepaares Schlamm mit Milena Jesenská. Im Sommer 1938 emigrierten Schlamms über Brüssel in die USA. In den späten fünfziger Jahren nach Europa zurückgekehrt, galt Willi Schlamm als ein extrem rechter Journalist, dessen Publikationen in der deutschen Presse mehrmals große kritische Debatten auslösten. Stefanie Schlamm (1902–1995), geb. Kohut, Schülerin von Maria Montessori, gehörte der ersten Generation der Montessori-Lehrerinnen an.

Jaroslav Seifert (1901–1986)   Einer der größten Dichter der modernen tschechischen Literatur, Autor eines umfangreichen lyrischen Werkes, begann als Zeitungsredakteur in linken tschechischen Zeitungen. Für diese arbeitete er bis zu seinem Ausschluß aus der Kommunistischen Partei im Jahre 1929. (Er lehnte ihren neuen stalinistischen Kurs ab.) In den fünfziger und siebziger Jahren mit zeitweiligem Publikationsverbot belegt, erhielt Seifert 1986 den Nobelpreis für Literatur. Milena Jesenská kannte Seifert aus den Kreisen der linken Avantgarde.

Ladislav Tůma (1876–?) Tschechischer Journalist, Mitarbeiter von Národní listy, für die er u. a. unter dem Pseudonym »Zevloun« (Gaffer) bei den Lesern beliebte Causerien schrieb.

Jaroslava (Slávka) Vondráčková (1894–1986) Textildesignerin, gehörte in den zwanziger Jahren zu Milenas Mitarbeiterinnenteam der Frauenseite von Národní listy. Als freie Künstlerin beschäftigte sie sich überwiegend mit der Gestaltung von Textilien; in Prag wurde sie zu einer Repräsentantin der funktionalistischen Schule in der angewandten Kunst. Mit Milena Jesenská verband Slávka Vondráčková insbesondere in den zwanziger Jahren eine Freundschaft. Vondráčková, die Milena mitunter sehr kritisch sah, begann schon in den sechziger Jahren Material zu deren Leben zu sammeln, Zeitzeugen zu befragen und auf den Seiten alter Zeitungen nach ihren Artikeln zu suchen und diese zu bibliographieren.

Bildnachweise:
Literaturarchiv, Prag (S. 14, S. 58, S. 88, S. 110, S. 114, S. 198, S. 202)
Marie Jirásková, Prag (S. 18, S. 78, S. 208)
Fritz Eschen, Berlin (S. 38)
Dagmar Hochová, Prag (S. 66)
Staša Fleischmann, Paris (S. 98)
Ivan Kynch, Paris (S. 86)
Stefan Haidenthaller, Salzburg (S. 118, S. 138)

Textnachweise:
Marie Hübnerová, Albína Honzáková, Karel Scheinpflug,
Ladislav Tůma, Jaroslava Vondráčková, Jaroslav Seifert,
Olga Scheinpflugová: Literaturarchiv Prag
Max Brod: Die Briefe Jesenskás an Max Brod veröffentlichte dieser in Auszügen
(in eigener Übersetzung, wo erforderlich) in seiner Biographie Kafkas.
Unser Abdruck folgt: Max Brod, Franz Kafka. Eine Biographie,
3. erw. Auflage, S. Fischer Verlag GmbH, Frankfurt am Main 1954.
Der Verbleib der Originale ist heute unbekannt.
Adolf Hoffmeister und Staša Jílovská: Staša Fleischmann, Paris
Willi Schlamm: Stefanie Schlamm Erben und Ulrich Weinzierl
Marie Kvasničková, Rokyta Illnerová-Kučerová, Jana Černá: Zit. nach
Jaroslava Vondráčková: Deset adres Mileny Jesenské,
in: Svědectví Nr. 80, 1987, S. 887–931.
Evžen Klinger: Nachlaß J. Vondráčkovás im Literaturarchiv Prag.
Ernst Polak: Deutsches Literaturarchiv, Marbach am Neckar
Übersetzungen aus dem Tschechischen: Alena Wagnerová